TAGEBUCH EINES DACKELS

Tagebuch eines Dackels

Eine satirische Geschichte

von

Horst M. Lampe

mit Zeichnungen von

Emmerich Huber

Verlag Werner Dausien · Hanau/Main

Schutzumschlag Emmerich Huber

ISBN – 3-7684-2335-2

1

Wenn ich kein Dackel wäre, es gäbe nur eines, was ich sein wollte: ein Dackel! Die Menschen sagen, wir seien das unberechenbarste, eigensinnigste, hinterhältigste, schnüffelwütigste, krummbeinigste, schlappohrigste Hundevieh auf der ganzen Welt. Aber sie lieben uns.

Oder gerade deswegen lieben sie uns. Wir machen nicht mit, wenn ihre Stimmung unter den Gefrierpunkt sinkt. Wir machen einfach nicht mit, wenn sie beschließen, das zu sein, was sie lustig nennen.

Wir sind aufgekratzt, wenn es uns paßt. Wir pflegen unsere Melancholie, wenn uns danach zumute ist. Und wir sind dann mißmutig, wenn es uns an der Zeit erscheint, Mißmut zu demonstrieren.
Sie lieben den Hund in uns. Sie wissen nicht, daß wir um ihre Komplexe wissen. Denn sie glauben, daß wir nichts wüßten, weil wir ja nur kleine Hunde sind.
So ein kleiner, krummbeiniger Dackel, der bei Fuß bleibt (oder auch nicht, wenn es ihm nicht paßt) und der mit einem freundlichen Wedeln seines Schwanzes das mittägliche Füllen der Schüssel quittiert.
Unter uns gesagt: wir wissen recht gut Bescheid. Wir tun nur so, als wüßten wir von nichts. Denn das, was sie manchmal als ihre sogenannten Probleme ächzend vor sich herwälzen, erscheint uns nicht wichtig genug. Wir sind einfach zu klug, unsere Verachtung zu zeigen. Auch darum lieben sie uns.
Apropos Liebe. Es gibt artgenössische Schicksalsgefährten, die aus Liebe so lange mit Schokolade, Pralinen, Zuckerwürfelchen, Kuchen und Tortenstückchen, Wurstscheibchen, Schlagsahne und Speiseeis gefüttert werden, bis sie jede Dackelwürde verlieren und schließlich nur noch wie eine überdimensionale Gummiwurst über das Pflaster hopsen. Im letzten Stadium vermögen sich solchermaßen gemästete Hunde überhaupt nicht mehr mit dem Hängewanst von der sowieso

schon gefährlichen Bodennähe wegzuheben. Dicke Schleifspuren zeugen dann davon, daß so ein armer Kerl dem häuslichen Freßnapf entgegengezogen worden ist. Natürlich aus Liebe!

Sie reden mit uns wie zu ihren frisch auf die Welt gekommenen Zweibeinern. Und sie vergessen dabei, daß wir längst aus dem Alter heraus sind, in dem wir Tischbeine mit Baumstämmen und das Kissen auf dem Bett mit dem Sandhaufen an der Straßenecke verwechseln. Sie billigen uns den Instinkt ihrer windelnässenden, quäkenden Säuglinge und die beschränkte Intelligenz ihrer unselbständigen ABC-Schützen zu und vergessen dabei, daß wir mit ein paar Wochen Dinge tun können, die ihresgleichen erst nach Jahren mühsam erlernt haben. Trotzdem bemitleiden sie uns.

In ihrer typischen Maßlosigkeit verwechseln sie angeborene Treue mit Untertanengeist und rationelle Gelehrsamkeit mit dem Lehrerfolg ihrer eigenen vermeintlichen Genialität. Wenn so ein Bello springt, verharrt, Männchen baut, Pfoten gibt und schwanzwedelt auf ihr Kommando hin, ist er ein braver Hund — und sie lieben ihn doppelt. Denn er schmeichelt ihrer Eitelkeit. Nur wir Dackel dürfen unseren eigenen Kopf haben. Sie lieben uns trotzdem.

Hoffentlich bleibt das auch noch so, wenn sie meine Geschichte gelesen haben. Denn sie ist nicht geschrieben, um mit ihren — uns Dackeln durchaus nicht immer unangenehmen — Vorurteilen aufzuräumen. Sie hat einen ganz anderen, weniger problematischen Zweck: jene zu erheitern, ohne die wir Vierbeiner nichts wären als eine unkultivierte, ungebildete, heimatlose, wilde Horde.

2

Da sitzt man also seit zwei Wochen in einem Käfig, den sie Zwinger nennen. Und das nur, weil man keinen Stammbaum hat. Hätte man einen, würden sie einen nicht unter Kurs anbieten, als ganz gewöhnlichen Hund, zum Spottpreis von fünfundzwanzig Mark.
Mit Stammbaum wäre man Waldi vom Schloßfeld, Sproß der Genoveva vom Bergfried und des Hasso vom Burgturm. Man wäre ein reinrassiger, saufarbener Rauhhaarteckel und kostete minde-

stens das Zehnfache. Nur weil Genoveva vor ein paar Jahren den Fehler beging, einen Terrier mit einem Dackel zu verwechseln, ist man sozusagen zweite Wahl, im Preis stark herabgesetzt. Dabei stammt man selbst von einem lupenreinen Waldmann ab. Die Zuchtgesetze der Zweibeiner sind ungerecht. Sie selbst scheren sich den Teufel darum, aber unsereiner hat darunter zu leiden.

Wenn ich einen Stammbaum hätte, wäre ich jetzt nicht hier. Der alte Stoffel, mein früherer Würstchengeber, dem in meiner Kindheit zu gehören keinesfalls eine Ehre war, wäre dann vermutlich liebenswürdiger zu mir gewesen. Zu wertvollen Hunden ist man höflich. Die Zweibeiner benehmen sich gegen unsereinen genauso wie gegen ihresgleichen: je teurer man ist, um so größer ist die Referenz, die sie einem erweisen.

Daß ich das Produkt einer Mutter mit unklaren erbgesetzlichen Vorstellungen bin, brachte mich um eine sorgenlose Kindheit. Was ich als Futter vorgesetzt bekam, hatte einen einzigen Vorteil: man blieb bei Figur. Außerdem erzogen sie mich zur Reinlichkeit. Ich hatte bald heraus, wo unsereiner seine Geschäfte zu verrichten hatte: auf dem Misthaufen, der mitten auf dem Hof zum Himmel stank. Am Anfang suchte ich mir hygienischere Plätze aus. Da stießen sie mich mit der Nase hinein. So etwas macht man nicht mit einem anständigen Hund. Ein korrekter Hinweis hätte genügt. Man ist ja nicht dumm.

Seitdem habe ich zwei feste Grundsätze: Maßhalten im Essen und vorsichtige Wahl der Stelle für gewisse unumgängliche Verrichtungen. Man weiß sonst nie, ob man nicht plötzlich eins ins Kreuz kriegt. Stiefel haben die unangenehme Eigenschaft, weh zu tun, wenn sie einen treffen und noch ein Fuß drin steckt.

Um ehrlich zu sein: daß ich hier im Tierheim am Mainufer sitze, liegt auch ein wenig an mir selbst. Man soll nicht alles auf die Alten schieben — oder auf das sogenannte Schicksal. Ich hatte die Schnauze voll und bin getürmt. Zur Zeit der Bremer Stadtmusikanten hätte ich gewußt, was anzufangen war. Heutzutage hat man aber nicht einmal mehr zu solchen Überlegungen den Mut. Ich glaube, ich lebe im falschen Jahrhundert.

Als sie mich aufgriffen, nannten sie mich einen ‚Schäferhund mit abgelaufenen Beinen'. Der Witz ist ebenso alt wie unlogisch. Welcher Schäferhund hätte je so elegante Beine gehabt! Daß sie mich eine ‚Flohpension' schimpften, fand ich taktlos und unpassend. Ich wußte wohl, daß ich einem Sack voll Flöhen Existenz und Kurzweil bot. Aber daß unter den Flöhen ein Dackel steckte, konnte ein Blinder sehen.

In dem Käfig links neben mir randalieren zwei Straßenköter. Ein Lärm ist das! Man hört sein eigenes Knurren nicht mehr. Rechts von mir heulte bis gestern die halbe Nacht ein graues Wollknäuel. Offenbar ein Spitz, der unter dem

Dreck weiß ist. Wenn er jammerte, hörte sich das an wie das Konzert eines liebestollen Katers. Ein Hund, der auf sich hält, heult nicht. Schon gar nicht mit so einer Fistelstimme. Man muß sich ja seiner Art schämen.

Der Zweibeiner, der uns bedient, weil er dafür bezahlt wird, heißt Herr Liebermann. Er hat immerhin erkannt, daß ich eine Persönlichkeit bin. Er schätzt wohl an mir, daß ich Haltung bewahre. Ich sei ein intelligenter Hund, hat er gesagt. Der Mann scheint mir selbst recht intelligent zu sein.

Ich laufe im Käfig auf und ab. Man braucht Bewegung, um in Form zu bleiben. Zweieinhalb Zweibeiner haben sich bis jetzt für mich interessiert. Die Hälfte kam zuerst. Sie war noch ziemlich klein, trug kurze Hosen und hatte eine tropfende Nase. Fünfundzwanzig Mark? Soviel hätte er nicht, sagte der Kleine zu Herrn Liebermann. Schließlich entschied er sich für den dicken Bello von schräg gegenüber. Eine Mixtur von Dogge und Pony. Er kostete unverständlicherweise nur zehn Mark. Woher der Kleine allerdings das Geld für's Fressen des Großen hernehmen will, ist mir schleierhaft.

Nummer eineinhalb hatte hochhackige Pfoten, trug einen Rock und war von einer Duftglocke umgeben. Sie kam vorgestern. Als sie vor meinem Käfig stand, wurde mir ganz übel. Mit was für einem Zeug sich die Leute doch bespritzen! Ich

hob schleunigst das Bein, um zu demonstrieren, daß ich nicht stubenrein bin. Da ließ sie von mir ab und entschied sich für den grauen Spitz.
Der nächste Interessent war eine Mischung zwischen Metzger und Klavierspieler. Nicht genau zu klassifizieren. Seine Stimme erinnerte mich an den Spitz. Er betatschte mich mit seinen Vorderpfoten wie mein früherer Herr seine Gäule. Hat mich nicht mal angeredet. Keinen Respekt vor der Persönlichkeit. Als ich ihn in die Finger biß, schleuderte er mich wütend in die Ecke. Vorsichtshalber verkroch ich mich schleunigst in die Hütte am Ende des Käfigs, bis er fort war. Herr Liebermann kam anschließend noch mal zurück und redete mir gut zu. Er scheint meinen Geschmack zu teilen. Sein Geschmack entspricht offensichtlich seiner Intelligenz.

3

Es ist geschafft. Ich hab' einen neuen Herrn. Das heißt, genau weiß ich's noch nicht, ob Herrchen oder Frauchen. Er hat mich mitgenommen, weil die Kleine, die bei ihm war, mich wollte. Als Weihnachtsgeschenk! Bis Weihnachten sind es zwar noch ein paar Wochen. Aber mir soll's recht sein.

Gehöre ich nun ihm oder ihr? Wahrscheinlich wird's aufs selbe rauskommen. Hauptsache, man weiß erst mal wieder, wo man hingehört. Die

Kleine heißt Steffi. Ihn nennt sie Putzi, obwohl er ihr Vater zu sein scheint. Komischer Name. Das sind offenbar die modernen Erziehungsmethoden. Von wegen Kameradschaft und so. Wenn der Sohn vom Bauer Stoffel zu seinem Alten ‚Putzi' gesagt hätte, der hätte ihm mit der Mistgabel das Fell gegerbt. Trotzdem — der Name ist gar nicht so übel. Ich werde ihn übernehmen.

Putzi ist ein Schreiberling. Scheint bei der Zeitung zu sein. War eine halbe Stunde in der Gegend. Will eine Reportage über heimatlose Hunde machen. Keine schlechte Idee. Aber in der kurzen Zeit? Herr Liebermann hat ihm zwar eine Menge erzählt. Aber die Problematik unseres Daseins ist ihm natürlich nicht aufgegangen. Vorstellungen haben die Leute. Man kann sich nur wundern. Na, ich habe künftig ja ausreichend Gelegenheit, sie über unsereinen aufzuklären.

„Ist ein feiner Hund", hat Herr Liebermann zu den beiden gesagt, als sie vor den Käfig traten. Ich habe zustimmend gewedelt.

„Die paar Flöhe schaffen Sie mit Dingsbums weg. Nur richtig einstäuben müssen Sie — und gegen den Strich, damit Sie überall hinkommen." Herr Liebermann weiß Bescheid in solchen Sachen. Immerhin hat er schon sein halbes Leben lang mit Flöhen zu tun.

„Vor allem werde ich ihn in die Badewanne stekken!" hat Putzi geantwortet. Vor Schreck ver-

gaß ich, mich hinterm Ohr fertigzukratzen, wo sich einer von meinen lieben Hausbewohnern gerade wieder seine Tagesration besorgte. Flohpulver — gut. Was sein muß, muß sein. Danach hat man wenigstens seine Ruhe. Aber auch noch baden? Da wird man ja naß!

„Hunde haben es nicht so gern, wenn sie zu oft gebadet werden. Kämmen und bürsten ist ihnen lieber", hat Herr Liebermann gemeint. Ich hätte ihm die Schnauze dafür lecken mögen.

Putzi lachte. „Zu oft? Der Kleine hat in seinem ganzen Leben noch keinen einzigen Tropfen auf seinem Pelz gehabt."

Das kann ja heiter werden. Die haben wirklich keinen blassen Schimmer von unserer Lebensart. Übrigens: was heißt hier ‚Kleiner'? Wenn ich mich dehne und den Schwanz strecke, bin ich gute achtzig Zentimeter lang. Außerdem kommt es auf die Qualität an und nicht auf die Menge. Ich komme ja nicht vom Mond. Wo ich war, hat's auch schon manchmal geregnet. Noch keinen einzigen Tropfen, wenn ich das schon höre! Und schließlich werde ich ihm beibringen müssen, daß ich ein Fell habe und keinen Pelz. Man ist doch kein Fuchs.

Auf dem Heimweg fuhren wir mit der Straßenbahn. Ein Auto wäre mir lieber gewesen. Der Kasten holperte ganz schön. Unsereiner hockt unten auf dem Boden und kriegt jeden Schubs in den Bauch. Man müßte einen eigenen Stoßdämpfer haben.

Ich habe geglaubt, Reporter seien feine Leute mit eigenen Autos. Wie man sich täuschen kann! Ich werde mich damit trösten, daß Putzi noch ziemlich jung zu sein scheint. Wenn er meinesgleichen wäre, ich würde ihn auf vier schätzen. Er steht sozusagen in den besten Hundejahren. Die Zweibeiner, die alles besser wissen, werden allerdings behaupten, er sei achtundzwanzig.

Überhaupt möchte ich wissen, mit welchem Recht sie erklären, wir würden jedes Jahr ihrer Zeitrechnung gleich sieben Jahre älter. Mir sind schon eine Menge fünfzehnjähriger Veteranen von meiner Sorte begegnet. Aber ich habe noch keinen einzigen Zweibeiner kennengelert, der hundertundfünf Jahre auf dem Kreuz hatte.

„Putzi, was wird Omi sagen, wenn wir ihn mitbringen?“ fragte Steffi, als wir am Bahnhof ausstiegen und mir armem Landhund sowieso schon die Puste wegblieb vor lauter Verkehr.
„Au backe“, sagte Putzi ganz unjournalistisch. „Daran habe ich noch gar nicht gedacht.“
Die beiden schwiegen vor sich hin, während ich energisch an meiner Leine zerrte, um sie zum Stehenbleiben zu bewegen. Man muß doch schließlich mal das Bein heben dürfen.
„Wenn Mammi noch da wäre, die hätte bestimmt nichts dagegen.“
„Die Omi hoffentlich auch nicht“, sagte Putzi und blickte mich sorgenvoll an. „Wir müssen taktisch klug vorgehen und ihr Mitgefühl wecken.“
Was heißt hier Mitgefühl. Man ist immerhin wer. Auf Mitgefühl verzichte ich. Was ich brauche, sind Achtung, Toleranz, Freundschaft. Das werde ich am besten mal selbst in die Pfoten nehmen. Wäre ja gelacht, wenn es da Schwierigkeiten gäbe!

4

Vor der Haustür begegnete uns ein fusseliger Zwergpinscher mit zittrigen Flohbeinen und einem penetranten Geruch von Kernseife. Ich schlug einen Bogen um ihn. Gegen Kernseife bin ich allergisch. Er schien mein Ausweichen als Anerkennung irgendwelcher eingebildeter Herrschaftsansprüche zu werten. Als er stolz den Sockel unter dem Briefkasten näßte, bekam er prompt seine Tracht Prügel. Was sind das für Manieren! Man beschmutzt doch nicht das eigene Nest.

Im Haus roch es nach grünem Kohl und Kartoffeln. Unten ist ein Gemüseladen. Wenn man doch Vegetarier wäre! Diese Möglichkeiten! Nicht auszudenken.

Auf der Treppe sprach Putzi mit einem weißhaarigen Zweibein, das sich an einem Stock festhielt. Roch nach Frauchen. Scheint im Haus zu wohnen, denn sie tat sehr vertraut. Sie nannte Putzi ‚Karlchen' und fragte: „Wo hast du denn nur das kleine Waldmännchen her? Ei, ist das aber süß."

Mir sträubte sich das Fell. Ich bin weder ein ‚Es' noch ‚süß'. Und dann diese ebenso häßlichen wie falschen Verkleinerungen. Karlchen! Kleines Waldmännchen! Putzi ist kein Karlchen mehr, und ich bin kein kleines Waldmännchen. Als ob's auch große Waldmännchen gäbe. Überhaupt ist die ganze Bezeichnung albern. Man muß etwas dagegen tun. Passive Resistenz. Ich werde auf Waldi in Zukunft einfach nicht mehr hören. Sie sollen sich etwas Besseres einfallen lassen.

„Aus dem Tierheim", sagte Putzi und drängte sich an der Dame mit dem Stock vorbei. Steffi war schon oben.

An der Wohnungstür nahm Putzi die Leine ab. Ich schüttelte mich erst mal gründlich, wie sich das gehört. Wer sich nicht festhalten konnte, flog runter. Je mehr, um so besser. Man soll den Straßenschmutz draußen lassen. Ich verstehe die Kollegen nicht, die damit warten, bis sie in der guten

Stube sind. Besonders bei Regenwetter und Schneematsch haben das die Zweibeiner nicht so gern.
Etwas Herzklopfen hatte ich doch.
Während Putzi und Steffi ihr Fell auszogen und es an die Wand hängten, untersuchte ich die Ekken. Andere Vierbeiner waren jedenfalls noch nicht hier gewesen. Das war mir sympathisch. Die Folgen wären nicht abzusehen gewesen, wenn die sagenhafte Omi, vor der meine beiden Zweibeiner so große Furcht zu haben schienen, einen Kater zum Hausfreund erkoren hätte.
Ich habe mir sagen lassen, daß die Zweibeiner, die für Bellos nichts übrig haben, es gerne mit den Miezen halten. Das ist bestimmt eine Charakterfrage. Mich widert das miese, schmeichlerische Katzenvolk jedenfalls an.
Zweibeiner, die gar keine Tiere mögen, die hoffnungslosen Fälle, sind übrigens nach meiner Meinung seltene Exemplare. Die meisten von ihnen haben unsereinen recht gern. Sie getrauen sich nur nicht, es zu zeigen, weil sie Angst davor haben, gebissen zu werden. Und manche wissen's einfach nicht, daß wir die idealen Freunde sind. Man muß sie auf den Geschmack bringen.
Eben das stand mir bevor.
„Drück' die Daumen“, hörte ich Putzi flüstern. Dann öffnete er eine andere Tür. Ich hielt mich für einen Augenblick noch zurück und peilte, hinter den vier Beinen hervor erst mal die Lage.

Es roch nach Rippchen und feuchter Wäsche. Mein Instinkt sagte mir, daß dies der wichtigste Platz in der ganzen Gegend hier sei. Ohne Essen und Trinken kann auch der bescheidenste Hund nicht leben.

Mein Instinkt sagte mir noch mehr. Die nächsten paar Minuten konnten entscheiden. Der Zweibeiner am Tisch mußte Omi sein. Sie war damit beschäftigt, mit einem glänzenden Ding über ein Bettuch zu fahren. Während sie drüberstrich, zischte es wie ein wütender Hamster.

„Hallo, Omi!“, rief Steffi. Ich fand die Begrüßung unnatürlich und viel zu laut. Omi blickte auf, sah die beiden an und dann mich. Dann stellte sie das Ding auf den Tisch. Wenn sie jetzt vergessen hat, daß es heiß ist und sie es auf das Bettuch gestellt hat, hab' ich von vornherein verspielt, fuhr es mir durch den Kopf.

Kurz entschlossen marschierte ich nach vorn und warf mich vor sie hin. Auf den Rücken, die Schnauze hoch, die bei aller Bescheidenheit besonders anziehenden Pfoten angewinkelt. Um meine freundliche Gesinnung deutlicher werden zu lassen, schlug ich intensiv mit dem Schwanz auf den Boden.

Jetzt kam's drauf an. Wie würde sie reagieren?

Zuerst nahm sie die Glasscheiben von der Nase. Dann bückte sie sich vorsichtig und sagte: „Ach Gott, jetzt habt ihr mir ja doch einen Hund ins Haus gebracht.“ Einen Moment lang sah es so

aus, als wollte sie mich streicheln. Ausgerechnet da mußte ich mich kratzen. Sie erschrak, und ihr Blick wurde mißtrauisch.

„Das hat nichts zu bedeuten, Omi", tröstete Steffi vorsichtig. „Das sind nur ein paar Flöhe."

Hier zeigte sich bereits Omis gutes Herz. Die Flöhe irritierten sie nicht. „Armer Kerl", sagte sie, worauf in mir die Überzeugung wuchs, daß der Demut Genüge getan war. Ich erhob mich und hockte mich wie ein Hase auf die Hinterläufe. Dabei sehe ich besonders treuherzig aus. Sie zeigte auch sofort Wirkung. Aus dem Schrank holte sie eine Schüssel und goß etwas hinein. Milch!

Herrjeh, sie wird mich doch nicht mit einem Kater verwechseln! Soll ich trinken und Gefahr laufen, sie in einer solchen Annahme zu bestärken? Ach was. Wenn ich nicht trinke, nimmt sie's vielleicht übel. Außerdem kenne ich das Zeug noch nicht und bin neugierig.

Gar nicht so schlecht. Da sieht man wieder mal, was so ein armer Hund entbehrt. Man ist auf gewöhnliches Leitungswasser, auf Bachläufe und Regenpfützen angewiesen.

Die anderen standen um mich herum und freuten sich. Es hätte nicht viel gefehlt und sie hätten geklatscht. Ich sage ja immer, man muß nur das Richtige tun, dann kriegt man auch keinen Ärger mit den Zweibeinern. Gelegentliche Mißverständnisse sind zu überbrücken.

Verbellt und zugenäht, da fällt mir etwas ein. Hoffentlich verliere ich jetzt nicht die Haare. Ein Kollege auf dem Land, der heimlich seinen Bedarf an Trinkwasser aus dem Melkeimer deckte, bis er eines Tages hineinfiel und die ganze Sache herauskam, lief herum wie ein Huhn in der Mauser. Milchschorf nennen sie so was.
So phantastisch das Zeug schmeckt, ich werde weitere Angebote höflich aber bestimmt ablehnen. Das bin ich meinem Aussehen schuldig. Wer schön sein will, muß bereit sein, dafür Opfer zu bringen.
Übrigens hatte ich Glück. An der Atmosphäre erkannte ich später, daß das Ding auf dem Tisch das Bettuch doch nicht durchgeglüht hatte. Es roch weiter am intensivsten nach Rippchen und frischer Wäsche.

5

Den Nachmittag habe ich damit zugebracht, meine neue Behausung zu inspizieren. Die Türen standen offen. Das nenne ich Großzügigkeit. Man fühlt sich gleich viel freier, wenn man nicht in einem kleinen Käfig sitzt.
Auf die Milch bekam ich schrecklichen Durst. Leider wurden meine entsprechenden Andeutungen nicht verstanden. Schließlich entdeckte ich, daß die Tür zu dem Zimmer, in dem sich die Zweibeiner waschen, nicht fest schloß. Mit der Schnau-

ze war sie aufzudrücken. Neben der großen Schüssel, in die sie sich reinsetzen, um freiwillig das mit sich zu machen, was sich unsereiner notgedrungenermaßen von ihnen gefallen lassen muß, ist eine kleinere Schüssel. Sie ist auch tiefer, und man kann, wenn man sich auf die Hinterbeine stellt, ganz gut dran. Dort habe ich meinen Durst gestillt.

Steffi kam zwar dazu, nannte mich ein Schwein und jagte mich raus. Immerhin, die größte Not war gelindert. Und außerdem stellten sie endlich einen Topf für mich bereit, der mir ständig zur Verfügung steht. Habe ich denn nicht schon immer gesagt, man muß den Zweibeinern nur erst mal auf die richtige Weise klarmachen, was unsereiner braucht?

Bei meinen ersten Erkundungen geriet ich in ein Zimmer, in dem ein anderer mir noch unbekannter Zweibeiner auf dem Bett lag. Als ich seine Schnauze untersuchte, hörte er auf zu schnarchen und rief: „Huh, Hilfe!“ An dem ‚Huh‘ erkannte ich, daß es ein weiblicher Zweibeiner war.

Möchte nur wissen, warum sie um Hilfe schrie. Man hat doch keine Bullenbeißerfratze, sondern ein freundliches Rauhhaardackelgesicht. Der Zweibeiner entpuppte sich als Tante Anna. Sie scheint kinderlos, älteren Datums, ohne Katzen und darum besonders geeignet zu sein als Nothelfer achtzig Zentimeter langer Hunde.

Was sich noch am selben Abend bestätigte.

Putzi war verschwunden, nachdem er mich daheim abgeliefert hatte. „Noch ein paar Brötchen verdienen“, hatte er erklärt. ‚Würstchen‘ hätte in meinen Ohren besser geklungen. Steffi saß in ihrem Zimmer am Tisch und kratzte auf Papier herum. Omi hatte wieder die Glasscheiben auf die Nase gesetzt und sich zu ihrer Wäsche gestellt. Tante Anna schnarchte von neuem. Man konnte es durch die offenen Türen hören.
Ich selbst hatte mir einen gemütlichen Platz hinter dem Ofen in Steffis Zimmer gesucht und wärmte mein Fell an den heißen Kacheln. Es war schon ziemlich dunkel. Eine richtiggehende hundeselige Schlummerstunde. Dabei muß ich eingeschlafen sein, denn ich erlebte, wie der Bauer Stoffel mit der Mistgabel hinter mir herlief und dabei in die aufgedeckte Jauchegrube fiel.
Ich wollte das gerade so richtig genießen, als man mich jäh aus dem Zustand des süßen Nichtstuns riß. Herrchen war zurückgekehrt und rief meinen Namen. Ich erinnerte mich meines Vorsatzes, auf diese phantasielose Allerweltsanrede nicht zu reagieren. Aber ich wollte ihn auch nicht vor den Kopf stoßen. Man soll die Zweibeiner langsam erziehen und nicht zu hohe Ansprüche auf einmal an sie stellen. Darum klopfte ich mit dem Schwanz gegen den Ofen.
Putzi kam zu mir. Er raschelte mit Papier. Ein verlockender Duft traf meine empfindsame Nase. Dann kam eine herrliche Wurst zum Vorschein.

Ich vergaß meine Erziehungspläne für's erste und erhob mich. Putzi marschierte in die Küche. Ich hinterher. Als ich dort aber auf Einhaltung seines Versprechens bestand, kam die böse Überraschung. Einen Moment lang war ich nicht auf der Hut. Schon saß ich in der Wanne, umgeben von übelriechender Brühe.

„Fein ruhig sitzen bleiben. Laß dich baden, dann kriegst du hinterher auch die Wurst." Damit bemäntelte er seinen Vertrauensbruch. Als ob unsereiner an solchen heimtückischen Kompensationsgeschäften interessiert wäre. Ich überhörte das Angebot.

Ruhig Blut, sagte ich mir und tat, als hätte ich mich mit meinem Schicksal abgefunden. Er ließ sich täuschen. Als er nach der Seife griff, nutzte ich meine Chance. Mit einem einzigen Satz sprang ich aus der Brühe. So schnell ich konnte, lief ich über den Flur unter Tante Annas Bett.

Erst dort nahm ich mir die Zeit, mich ausgiebig zu schütteln. Ich tat das mit äußerster Überwindung. Aber schließlich befand ich mich in einem Notstand.

Putzi alarmierte die ganze Familie. Gemeinsam suchten sie mich. Es dauerte eine ganze Weile, bis sie so schlau waren, meine Spur zu verfolgen. Verräterische Tropfen! Sie führten an Tante Annas Bett.

„Was fällt euch ein, einfach hier hereinzuschneien!" hörte ich sie über mir schelten.

„Der Hund ist reingelaufen. Er muß gebadet werden. Ist der reinste Flohzirkus und dreckig wie die Nacht."
Und so was will Journalist sein! Als ob die Nacht dreckig wäre. Da bringt einer eine dumme Redensart auf, und die anderen reden sie gedankenlos nach. Selbst sonst so intelligente Zweibeiner wie Putzi.
„Ist mir egal", ließ sich Tante Anna im Bett über mir vernehmen. „Ich hab' euch schon tausendmal gesagt, wenn ich meinen Nachmittagsschlaf halte, will ich nicht gestört werden."
„Aber der Hund . . .", mischte sich Omi ein.
„Der stört mich nicht", sagte Tante Anna, dieses Ideal einer Nothelferin.
„Jedenfalls muß er unter dem Bett hervor", beharrte Putzi wütend. „Er muß von Anfang an spüren, wer der Herr ist." Als ob das einem armen, durchnäßten Hund nicht längst klar geworden wäre.
Neben den großen Pfoten von Putzi tauchten zwei kleinere auf. Dann sah Steffi zu mir unter's Bett. In der Hand hatte sie die Wurst.
„Komm, Waldileinchen, komm doch raus. Ich geb' dir auch die Wurst, wenn du kommst."
„Du verdirbst den Hund damit", warnte Putzi.
„Wenn er aber doch sonst nicht rauskommt?" ließ sich Omi vernehmen.
„Macht endlich, daß ihr rauskommt!" schimpfte Tante Anna und kroch aus dem Bett.

Mich interessierte vor allem die Wurst. So naß kann unsereiner gar nicht sein, daß er eine duftende, fettglänzende, dunkelbraune Bockwurst verschmäht. Ich nahm sie mit allen Zeichen der Zurückhaltung entgegen und zog mich zunächst unter die Mitte des Bettes zurück, wo es am dunkelsten war.

Während ich mit gedämpftem Optimismus die wohlverdiente Wurst verschlang, verließ die Familie unverrichteter Dinge Tante Annas Zimmer. Draußen hörte ich die Badebrühe in den Abguß platschen. Ich hatte gesiegt. Doch als kluger Dakkel war mir klar, daß es ein befristeter Sieg war. Auf lange Sicht sind Herrchen immer stärker als unsereiner.

Die erste Nacht daheim verbrachte ich jedenfalls vorsichtshalber in Tante Annas Bett.

6

Ich bin ein anderer Hund geworden. Nachdem ich mehrere Tage auf das stupide ‚Waldi' nicht gehört habe, ist ihnen eingefallen, sie könnten's mit einem anderen Namen versuchen.
Sie hatten sich in der Küche versammelt und ratschlagten.
„Wir wollen ihn Ajax nennen", schlug Steffi vor.
Putzi war dagegen. „Dazu ist er aber wirklich nicht groß genug."

„Oder Pluto?“ fragte Klein-Frauchen zweiflerisch.

„Noch schlimmer!“ wehrte Putzi ab.

„Wie ist es denn mit Senta?“ fragte Tante Anna, die wieder einmal die weiche Welle bevorzugte.

„Waldi ist doch ein Mann“, kicherte Steffi.

„Das macht doch nichts“, verteidigte sich Tante Anna.

„Und wenn ihr ihn Fifi ruft?“, schlug Omi vor. Die Konferenzteilnehmer überlegten. Ich verkroch mich schaudernd unter den Herd.

„Fifi ist was für einen Anderthalbpfund-Hund“, rettete Putzi meine Ehre. „Nein, wir müssen uns schon was anderes einfallen lassen.“

„Fidelio wäre nicht schlecht“, dachte Herrchen nach einer Weile laut. „Aber der Name würde besser zu einem Bernhardiner passen.“

„Hasso!“ trumpfte Omi auf. „Der Hund vom Fleischer Schlump heißt auch so.“

„Unser Dackel ist kein Fleischerhund!“ entschied Putzi.

„Brigitte Bardot nennt ihren Dackel ‚Cognac‘“, besann sich Tante Anna ihrer Illustriertenbildung.

„Verrückt“, sagte Omi. „Die Leute lachen uns ja aus.“

„Das würde mich nicht stören, aber ich möchte einen Namen, der auf unserem eigenen Mist gewachsen ist“, erklärte der Journalist in Putzi. „Was haltet ihr von ‚Gulasch‘?“

Die Familie war ratlos. Mit einem solchen Namen wußte sie nichts anzufangen.
„Du bist wohl übergeschnappt! Wieso ausgerechnet Gulasch?“ fragte Omi kopfschüttelnd.
„Wenn er vergnügt ist und dabei läuft, sieht er aus wie eine Menge kleiner Einzelstückchen, von denen jedes einzelne ein Eigenleben führt und sich selbständig freut.“
So sympathische Vorstellungen sich für mich mit diesem Namen verbanden, so peinlich berührte mich die Definition. Man kam sich ja vor wie auf dem Seziertisch.
„Gulasch gefällt mir nicht“, maulte Klein-Frauchen. Steffis Geschmack ist eben noch unverbildet.
„Ich hab's!“ rief Tante Anna frohlockend. Alle warteten gespannt.
„Peter“, schmetterte Tante Anna stolz.
„Ist ja alltäglich“, wandte Putzi ein.
„Wo wir früher wohnten, gab es einen Kater, der hieß so“, erinnerte sich Omi.
Herrchen dachte nach. „Peter ist abgewandelt von Petrus. Und wenn wir ihn Petrus rufen? Ich kannte mal 'nen Förster, der so hieß.“
Dieser Name wurde mit Mehrheit angenommen. Lediglich Omi hatte Bedenken, daß der Herr Pfarrer beleidigt sein könnte. Aber Putzi setzte sich darüber hinweg. Dem Herrn Pfarrer könne es schließlich egal sein. Mit dem Apostel gleichen Namens werde mich ja wohl kaum jemand verwechseln.

„Und wenn er auf Petrus auch nicht hört?“ fragte Steffi besorgt.
„Dann versuchen wir's mit Fifi“, lachte Putzi.
Und weil Petrus auf jeden Fall besser ist als Waldi und Fifi, entschloß ich mich, positiv zu reagieren. Allerdings verzichtete ich auf das Zuckerstückchen, das sie mir für meinen Gehorsam hinhielten, weil ein Dackel ja kein Pferd ist und vom Zucker seine Zähne kaputtgehen.

7

Wenn unsereiner schon glaubt, er sei Herr der Lage. Hundekuchen! Hab' ich mich wieder mal zu früh gefreut. Seit gestern abend wittere ich neue Gefahr. Da will noch jemand in unsere Familie rein. Als ob wir nicht schon genug wären! Sie sind eben noch in der Frühzeit ihrer Entwicklung. Das, was der individuelle Hund in grauer Vorzeit auch einmal gewesen ist: ein Rudeltier. Allerdings eine andere Sorte. Wenn ich in meiner Freizeit auf der Fensterbank döse und sie auf der Straße herumwimmeln sehe, kommen sie mir vor wie große abgerichtete Ameisen.

Putzi leinte mich an. Mein Instinkt verhieß mir gleich nichts Gutes.

„Putzi, nimm mich auch mit", sagte Steffi.

Unser Leithund schüttelte den Kopf. „Kleine Mädchen müssen um sieben Uhr ins Bett."

Quatsch! Es war ja erst sechs. Und außerdem wäre Klein-Frauchen nicht das erste Mal abends mit uns Beinchenheben gegangen.

Hatte ich mir's doch gedacht! Wir verfolgten nicht die alten Spuren. Die dicken Bäume standen anderswo. Die Gegend, in die ich ihm notgedrungen folgte, hatte ich noch nie vor der Nase. Schien 'was Besseres zu sein. Man genierte sich direkt, das Notwendigste zu erledigen.

Herrchen hatte mich anscheinend vergessen. Ich kam mir ziemlich überflüssig vor, während ich so hinter ihm herlatschte. Mußte mich schon ziemlich energisch zu Wort melden, als wir an einem besonders attraktiven Mauervorsprung vorbeikamen. Wenn's nach Putzi gegangen wäre, ich hätte die Sachen im Laufen ablassen können. Schließlich ist man aber keine Straßenspritzmaschine.

Das Haus, in das er mich schleppte, stank wie die Dame mit dem Faible für den zweitklassigen Fistelspitz. Wenigstens lag ein Teppich auf der Treppe. Doch als ich davon Gebrauch machen wollte, hob mich Putzi hoch. Ich frage, was soll das? Man kam sich ja vor wie ein asthmatischer Mops. Bin ich vielleicht senil? Wozu ein Teppich, wenn ein gepflegter Hund sich seiner nicht bedienen darf?

Daß er einen Schlüssel hatte zu der fremden Wohnung, gab mir erneut zu denken. Wir gingen hinein, ohne zu klingeln oder zu klopfen, wie sich das für ordentliche Besucher gehört. Ich wollte runter, aber er hatte mehr Kraft als ich. So gab ich's für's erste auf und machte mich weich, als wären mir sämtliche Knochen aus dem Fell gefallen.

Das schien ihm gerade beschwerlich genug zu werden, als das rotblonde Zweibein auftauchte. Obwohl sie Hosen anhatte, konnte sie nur was Weibliches sein. Sie hatte so lange Haare auf dem Kopf, wie die Fuchsstute vom Bauer Stoffel am anderen Ende. Wenn sie besser gerochen hätte, wegen ihrer Farbe hätte man sie mit einem entarteten Langhaardackel-Fräulein verwechseln können. Mit einem hysterischen Schrei, der offenbar Freude ausdrücken sollte, stürzte sie auf Putzi zu. Mich hatte sie wohl dabei übersehen. Da mich Herrchen noch immer auf dem Arm hielt, war es ein leichtes, mich bemerkbar zu machen.

Sie zuckte erschrocken zurück, als ich sie anknurrte. Putzi ließ mich los. Das kam so plötzlich, daß ich wie ein prall gefüllter Sack auf mein vertrautes Niveau fiel. Unseligerweise standen da gerade die Pfoten von der Rotblonden herum. In einem solchen Fall reagiert das ordinäre Zweibein gewöhnlich mit einem Tritt und das feinere mit der besorgten Frage: „Du hast dir doch hoffentlich nicht weh getan?"

Sie gehörte nicht zu den feineren. Als ich mir das nicht gefallen ließ, nannte sie mich einen Köter, was meinen negativen Eindruck verstärkte.

Ich hatte das bestimmte Gefühl, daß sich Putzi auf unsere Kosten amüsierte. Er sagte ‚Mausespeck' zu ihr, und sie beruhigte sich schließlich.

Die beiden zogen in ein Zimmer mit vielen Sesseln und Kissen. Ich hielt es für meine Pflicht, an Herrchens Seite zu bleiben. Wenn der rotblonde Fremdkörper nicht gewesen wäre, hätte mir die Gegend dort recht gut gefallen. So aber kam man sich als Störenfried vor. In dieser Situation zieht sich ein Dackel mit Charakter zurück. Bevor ich das jedoch tat, wollte ich ihr noch eine letzte Chance geben. Man soll Zweibeiner nicht nach dem ersten Geruch allein beurteilen. Vielleicht war sie gar nicht so, und ich tat ihr unrecht. Vor ihren Augen sprang ich auf die Couch.

Sie war schon so.

Zuerst war sie sprachlos. Dann, als ich mich anschickte, mir's zwischen Lehne und Kissen bequem zu machen, zog sie eine ihrer Pfoten aus und drang damit auf mich ein.

Eine ausgeschnüffelt unangenehme Person! Ich brachte mich zunächst unter dem Schrank in Si-

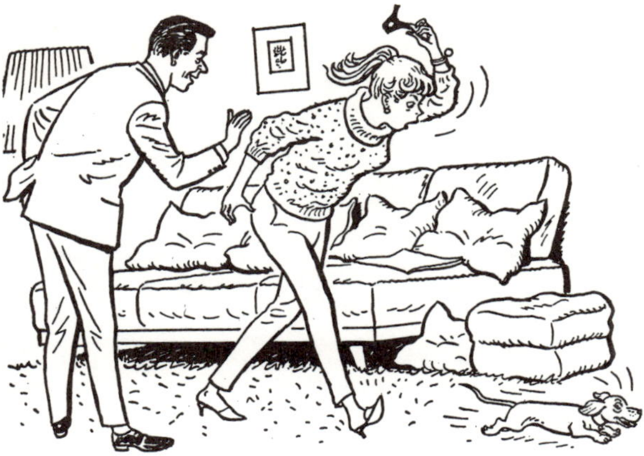

cherheit und den Rest des Abends damit zu, einige andere Pfoten von ihr, die mir in meinem Asyl im Weg standen, auseinanderzunehmen.
Denn schließlich: Wozu brauchen sie so viele Füße? Sie haben ja sowieso nur zwei, auf denen sie laufen können.

8

Da hat man sich als frommer Hund auf Weihnachten gefreut. Und dann steckte der Tag voller Aufregungen. Dabei fing er so vielversprechend an. Putzi nahm mich mit zum Einkaufen. Gaßchengehen macht immer Spaß. Als Hund mit Herr sieht einen die Welt mit anderen Augen an. Ausgerechnet lief Putzi dorthin, wo sich sämtliche Zweibeiner der Stadt auf die Füße traten. Supermarkt nennen sie den Schauplatz solchen Fußgemenges. Für unsereinen ist da ‚off limits'.

Putzi war wenigstens so fair und band mich nicht an. Die Kettenhunde am Eingang maulten zwar, aber unziemliche Reden überhören wir beide sowieso grundsätzlich. Herrchen verschwand.
Es dauerte schrecklich lang. Für ungeheizte Wartezimmer habe ich nichts übrig. Schließlich wurde es mir zu dumm, und ich beschloß, selbst nachzusehen. Als das nächste Zweibein-Rudel reinströmte, war ich darunter.
Einer, der so tat, als wäre er das Oberzweibein, entdeckte mich und wollte mich festhalten. Einmal Zähnezeigen genügte. Die mit der größten Schnauze kneifen zuerst. Den Augenblick, in dem er zurückwich, benutzte ich und wetzte um die nächste Konservendosenecke. Daß die mit höllischem Spektakel hinter mir zusammenstürzte, brachte mir ausreichenden Vorsprung ein.
Weiter drinnen bemerkte mich keiner. In dem Gedränge hatte niemand Platz genug, seine Schnauze in die unteren Regionen zu stecken. Sie wogten wie ein riesiger Pudding durch die Gänge. Dabei griffen sie nach dem Futter, das da frei herumlag. Ausgerechnet die Würste hingen unerreichbar an der Wand. Typisch menschliche Inkonsequenz.
Ich erwischte Herrchen bei den Kohlköpfen. Er schob einen Drahtkäfig auf Rädern vor sich her. Zwischen den Rädern lag ein Brett. Das war gerade groß genug für einen armen Hund, der sich

vor einer Legion trampelnder Füße in Sicherheit bringen mußte.
Putzi wunderte sich, daß der Karren plötzlich so schwer war. Zum Glück besaß er soviel Geistesgegenwart, mich sitzen zu lassen und so zu tun, als hätte er nichts bemerkt.
Als meine Schnauze endlich wieder unverbrauchte Luft zu schnuppern bekam, dort, wo Putzi seinen Käfig entleerte, verduftete ich.
Kaum war ich draußen, traf ein unwiderstehliches Odeur mein Gespür. Wenn das kein Hundefräulein nach meinem Geschmack war! Die Süße schwänzelt zwar ein ganz klein wenig zu hoch für mich. Aber dieser Gang! Sowas Majestätisches!
Da hüpfte mein empfindsames Herz widerstandslos hinterher. Was bliebt dem restlichen Dackel anders übrig, als ihm zu folgen.
Meine Flamme schien eine geborene Spaniel zu sein. So was Schnuckeliges! Der einzige Schönheitsfehler an ihr war das dicke Zweibein, an das sie gefesselt war. Der Mensch hinderte mich doch glatt daran, ihr meine Gunst zu erklären. So trottete ich eine Weile in dezentem Abstand hinter ihr her.
Gerade hatte ich beschlossen, auf Schwanzfühlung vorzupreschen, da verschwand der Dicke mit der Süßen in einem Haus. Und ich stand da und schaute blöd aus dem Fell. Das nennt sich Weihnachten!

Als ich endlich heimkam, war die Tür versperrt. Mit Schlüsseln kann unsereiner ja nicht so richtig umgehen. Dafür hat man seinen Portier. So hockte ich mich halt hin und wartete. Als Putzi völlig aufgelöst auftauchte und mich da sitzen sah, machte er ein Gesicht, als sei er es, dem die Tür vor der Nase zugehauen worden war.
Die nächste Überraschung kam am Abend. Die Familie tat, als erwarte sie eine Wagenladung solider Preßköpfe. Dann bimmelten ein paar Glocken, und wir mußten alle in Omis Zimmer. Mir fiel sofort auf, daß dort ein Baum gewachsen war. Was für eine liebe Familie! Den hatten sie sicher für mich dort gepflanzt. Damit ich bei der Kälte nicht immer runter mußte.

Denkste! Als ich der Angelegenheit näher treten wollte, pfiff mich Putzi zurück und hielt mir eine Standpauke. Na, na, man wird sich doch orientieren dürfen.

Das dicke Ende stand allerdings noch aus. Am Baum hing eine Wurst. Und weil man ein gescheiter Hund ist, wußte man sofort, für wen die nur sein konnte. Als ich mich anschickte, sie ihrer natürlichen Bestimmung zuzuführen, fiel der Baum um.

Ich kann einfach nicht begreifen, warum die ganze Familie so aufgeregt tat, Zeter und Mordio brüllte und mit nassen Tüchern auf den Baum losschlug. Der war an dem Durcheinander doch völlig schuldlos.

Am meisten aber verdrießt mich Putzis Bemerkung, ich sei eben doch ein dummer Hund, und am liebsten würde er mich wieder dorthin zurückbringen, wo er mich geholt hat.

Und so was am Heiligen Abend!

9

Alles vergeben und vergessen. Wir sind beide nicht nachtragend. Nachdem ich Putzi ein paar Tage lang meinen Charakter gezeigt hatte, bändelte er von selbst wieder mit mir an. Welcher Hund könnte da widerstehen! Man muß doch zusammenhalten, wenn man an derselben Leine zerrt.

Die anderen hatten sowieso getan, als sei nichts geschehen. Das machen die Zweibeiner öfter, wenn sie nicht wissen, woran sie sind. Allen voran

Tante Anna, die mir zuliebe sogar zweimal ihr Bett in der Woche frisch bezog.
Eines Nachts spielten die Zweibeiner Lustigsein. Manche zogen lärmend auf der Straße herum und machten fürchterlichen Krach. Je lauter es knallte, um so lustiger wurden sie. Da half alles Schimpfen von unsereinem nichts.
Meine Familie blieb noch ziemlich manierlich. Sie saß am Tisch, trank schäumendes Wasser und sagte ‚Prost' dazu. Der rothaarige Pferdeschwanz war auch da und scharwenzelte um Herrchen herum. Die Dame steckte in einem giftgrünen Futteral, mit einem riesigen Loch unter dem Hals. Nachdem Putzi eine Dreitagesration von dem schäumenden Zeug hinuntergeprostet hatte, forderte er mich auf, zu untersuchen, was in dem Futteral steckte. Der rothaarige Fremdkörper quiekte wie ein Ferkel und fand alles sehr lustig. Als Hund mit angeborenem Takt stellte ich mich taub und bellte die Rakete an, die vor dem Fenster aufflammte.
„Unser erstes gemeinsames Silvester", quiekte der Fremdkörper und gurgelte sich von neuem Lustigkeit an. Hoffentlich das letzte, knurrte ich ziemlich laut. Aber wenn sie unsereinen nicht verstehen wollen, verstehen sie ihn nicht. Steffi hatten sie inzwischen ins Bett geschickt. Tante Anna sägte leise vor sich hin und schreckte nur manchmal hoch, wenn es draußen knallte und ich mich besonders darüber aufregte. Omi kochte Kaffee.

Plötzlich sprang die Dame mit dem Schwanz am Kopf auf und hielt ein heißes Streichholz unter ein Stück Papier. In dem Papier muß was drin gewesen sein, denn das Ding sprang krachend auf mich los.
„Laß doch den Blödsinn!" rief Putzi. Aber es war schon zu spät. Ich erschrak so, daß ich mich an dem grünen Futteral festhielt. Tante Anna fuhr mit einem Ruck aus ihrem Schlummer hoch und warf dabei ein paar Gläser um. Omi rief verzweifelt: „Mein Kaffee", weil sie vor Aufregung mehr Wasser in die Kanne geschüttet hatte als hineinging. Putzi lief dem krachenden Ding nach, das auf dem Boden herumsprang. Und der Fremdkörper zerrte und zog. Ich aber hielt fest. Da stand sie ohne das grüne Futteral da.
Der Rest war Schweigen. Die Rothaarige zog mit ihren grünen Resten ab. Seitdem habe ich sie nicht mehr vor die Nase gekriegt. Und manchmal glaube ich fast, Putzi ist nicht einmal böse darüber.
Als Herrchen mich am nächsten Morgen an meine Bäume führte — das Leben ging weiter — mußten wir lauter Umleitungen gehen. Nach Schwefel riechendes Papier und zerbrochene Flaschen, wohin man treten wollte. Komisch, wenn sie lustig sind, hinterlassen sie Dreck.
„Prosit Neujahr", sagte Putzi und lachte, als ich niesen mußte. Ich hatte an einem Zweibein gerochen, das mitten auf der Straße lag und schlief.

Um ein anderes, das sich um eine Laterne geschlungen hatte, schlugen wir vorsorglich einen Bogen. Kein Hund würde sich so benehmen!
Ein Glück, daß es zu schneien begann. Der Schnee deckte alles zu.

10

Wuff, Wuff. Herrlich ist so ein Hundeleben. Man muß nur bei der Wahl seines Herrchens vorsichtig genug sein. Putzi hatte eine dackelige Idee: raus aus der Etagenzelle, aus dem Hühnertreppenkasten, weg von Viehsalzpflaster und dem Gestank motorisierter Hunde, die einen durch die Scheiben ihrer rollenden Schaukelstühle nur hochnäsig anglotzen.
Ich verzeihe ihm, daß er noch immer kein Auto hat. Wir kriegen dafür 'ne ordentliche Hütte —

mit echtem Wälzgras drumherum und richtigem Himmel drüber. War auch höchste Zeit. Auf dem Benzinkutschen-Asphalt läuft sich unsereins sonst noch das wertvolle bißchen Bein ab.

Die paar Anlagenbäume reichten sowieso zuletzt nicht mehr für vorn und nicht für hinten. Hund war eben noch niemals zuvor so modern. Sie wissen sonst nicht mehr wohin mit ihren Fleischresten. Das Ergebnis sieht traurig genug aus: man soll sich einen einzigen Stamm gleich mit einem Dutzend hergelaufener Doggen, Pudel, Schnauzer, Pinscher und sonstigen unangenehmen Individuen teilen. Wo bleibt da die Individualität? Am Ende war's schon soweit, daß man sich zu seinem Stückchen Rinde durchbeißen mußte — nur weil unsere Herrschaften so phantasielos waren, uns alle zur selben Zeit auszuführen.

Da, wo wir hinziehen werden, herrschen noch andere Verhältnisse. Wenig Asphalt und dafür vernünftige Feldwege und Querfeldeinpfade mit unabsehbaren Möglichkeiten. Gleich an der Grenze dieser Gegend steckt ein Pfahl im Boden. Unten riecht der Pfahl nach frischem Landhund. Oben ist ein Schild angemalt. „Dreieichenhain". Liest sich vielversprechend. Klingt nach Schnupperwald und Hasenland.

In Dreieichenhain haben viele Zweibeiner ihre Hütten gebaut. Aber sie leben nicht übereinander wie in der Stadt, sondern einer neben dem andern. Sie haben sich auch eingezäunt, damit kein fremder Hund sein Bein an ihrer Hütte heben kann. Ihre Zäune sind meist farbig. Viele Zäune haben alle möglichen Farben auf einmal, weil die Zweibeiner in Dreieichenhain zu glauben scheinen, daß ein bunter Zaun ein feiner Zaun ist. Uns soll's jedenfalls egal sein. Die meisten von uns sind so gut wie farbenblind.

Als wir gerade an einem von den allerfeinsten Zäunen vorbei wollten, gab es dort ein großes Parlieren. Ein Zweibein, das die Zauntür geöffnet hatte, versuchte vergebens, einem Kollegen von mir seine friedlichen Absichten auseinanderzusetzen. Das Zweibein hatte wohl das Schild am Zaun nicht gelesen:

„Vorsicht, bissiger Hund!"

Vielleicht aber war das Schild auch nicht bunt genug. Oder der dicke Mann hatte geglaubt, es sei eines von jenen Schildern, die aus einem Rehpinscher einen Dobermann machen. Im vorliegenden Fall handelte es sich aber ganz offensichtlich nicht um einen solchen Platzpatronenbello. Was dem eingedrungenen Zweibein jedoch zu spät eingegangen war.

Herrchen wollte einen Bericht darüber schreiben. Ich habe versucht, ihm zu erklären, daß das Thema nicht viel hergibt. Was ist schon besonderes dabei, wenn ein Hund ein Zweibein beißt? Umgekehrt — darüber könnte man schon eher reden. Es war gar nicht so einfach, Putzi meinen Standpunkt klarzumachen. Seine Ideen sind zur Zeit etwas verworren. Das kommt davon, daß er im Augenblick kein Journalist ist, sondern Bauherr. „Wer heutzutage baut, kann seinen Beruf an den Nagel hängen, weil er ja doch keine Zeit mehr dafür hat", sagte Omi zu Tante Anna, die verständnisvoll nickte, was sie immer tat, wenn sie keine Ahnung hatte.

„Man müßte Maurer sein und alles selbst machen", schimpfte Putzi, als er mir unsere Hütte vorstellte, die gerade noch gebaut wurde. Anscheinend war was nicht mit der Öffnung in Ordnung. Die Handwerker hatten sie wohl in die verkehrte Wand eingebaut. Aber am meisten regte sich Putzi über die Küche auf, die irgendwie mit der Toilette verwechselt worden war.

„Ei, warum dun Sie sich denn so uffrege", knurrte das Zweibein, mit dem Herrchen ungnädig herumbellte. „Des mächt doch nix. Da nemme Se eifach die Kich als Bad und des Bad als Kich. Seie Se doch net so kleinlich."

Ich fand das ziemlich einleuchtend. Schließlich hat der Durchschnittshund eine noch viel kleinere Einzimmerwohnung und ist damit zufrieden. Doch Putzi bestand auf seinem Vorurteil, daß vier Quadratmeter für eine Küche zu klein und zwölf für das Bad unangemessen groß seien. Bitte. Das soll nicht meine Wurst sein. Er ist der Boß und hat das Geld!

11

Auf Tante Annas Abreißkalender mit dem Bild vom röhrenden Hirsch ist es Freitag, der dreizehnte. Gewöhnlich sind Dackel nicht abergläubisch. Aber heute hätte man's werden können, wenn man nicht fortschrittlich wäre. Denn ausgerechnet heute hatte mein Alter die Kateridee, mich renovieren zu lassen.

„Jeder anständige Hund muß zweimal im Jahr geschoren werden", erklärte er mir, als ich mich mißbilligend schüttelte, weil Anstand meiner

Meinung nach eine Sache des Charakters und nicht des Fells ist.
„An deine Haut kommt ja sonst überhaupt keine Luft mehr, und außerdem ist dein Fell für die Jahreszeit viel zu warm“, versuchte er meine Begeisterung zu wecken. Aber die hielt sich in Grenzen.
Natürlich war mir klar, daß ich nichts machen konnte. Wenn er sich was in den Kopf gesetzt hat, ist unsereiner machtlos. Na schön, gab ich halt nach. Man ist eben der Klügere. Hoffentlich gab's hinterher wenigstens eine Belohnung für's Stillhalten.
Als ich die Werkstatt sah, in der ich gemäht werden sollte, fiel es mir schwer, den Schwanz mit Anmut oben zu halten. Vorn an der Straße stand zwar hochtrabend ‚Hundesalon'. Aber man ist ja gewohnt, daß die Zweibeiner wenig von dem halten, was sie versprechen.
Beim Nähertreten entpuppte sich der Laden als mittelalterliche Folterkammer. Meine Aversion gegen Hinterhäuser wurde wieder mal bestätigt. Es dauerte eine Weile, bis ich was sehen konnte. In der Höhle war's so finster, daß man sich erst mal nur nach dem Geruch orientieren mußte.
Im Vordergrund war eine Art Wartezimmer. Hier hockten die Deliquenten auf Fellfühlung und warteten darauf, daß sie an die Reihe kamen. Dahinter stand ein alter Tisch. Auf den wurden die Opfer gehoben wie schlachtreife Hühner.

Dann säbelte ein Zweibein an den armen Kerlen herum, bis sie eher abgezogenen Hasen glichen, denn einem Lebewesen mit höherer Bildungsstufe und persönlicher Eigenart.
Im düsteren Hintergrund zappelte ein solchermaßen auf Hase getrimmter Scotch in einer rassehundeunwürdigen Badewanne. Ein Zweibein-Weibchen beugte sich über ihn und faselte in

einem fort etwas von Eiern und was für ein feiner Hund er jetzt wieder sei. Eine durch nichts zu beweisende Behauptung, die die gequälte Kreatur über das Trostlose ihrer Situation nicht hinwegzutrösten vermochte.

„Wie lange dauert es, bis er drankommt?“ fragte Putzi das Zweibein, das sich mit dem Kollegen auf dem Tisch beschäftigte.

„So zwei bis drei Stunden“, antwortete der Schermeister.

Herrchen erwiderte meinen vorwurfsvollen Blick mit resigniertem Schulterzucken und wollte mich zwischen eine Querfeldeinmischung und einen Bello mit Bikini und rosa Schleifchen, eine Art ausgestopften Schießbudenhund, klemmen.

Ich biß erst mal wild um mich, was Putzi veranlaßte, es mit einem Positionswechsel zu versuchen. Mein neuer Nachbar war ein Stichelhaarjüngling, der mir harmlos-neugierig entgegenschnüffelte.

Der Kleine tat mir leid. Aber jeder ist sich selbst der Nächste. Und ich handelte schließlich in Notwehr. Ich fuhr auf ihn los wie der Leibhaftige. Putzi riß mich zurück. Und der Schermeister wurde aufmerksam.

„Wenn Ihrer beißt, können Sie ihn aber nicht hierlassen. Dort hinten ist noch ein Käfig frei. Da muß er rein, bis er dran ist.“

Ich hörte nur Käfig und ging vorbeugend zum Angriff über. Der Kerl hatte gewiß nicht damit gerechnet. Die glauben sowieso immer, mit kleinen Hunden könnten sie's machen. Vor Schreck zog er sich auf seinen Tisch zurück, wodurch der Platz für den dort liegenden Kollegen zu eng wurde.

Der sprang herunter — mir vor die Pfoten. Ich verschonte ihn, weil er — halb nackt — sowieso einen Hund jammern konnte und konzentrierte meine Bemühungen auf das unverschämte Zweibein auf dem Tisch.

„Bringen Sie den rabiaten Köter weg“, tobte der Herr des Salons. „Den bediene ich nicht. Gehn Sie mit ihm zur Konkurrenz!“

Typisch, typisch. Die leichten Fälle für sich behalten und die schweren Brocken den andern zuschieben. Ein Wunder, was die mit dieser Einstellung noch erreichen.

Putzi kapitulierte. Sein Blick verhieß zwar nichts Gutes für mich. Aber im Moment war mir das so ziemlich egal. Hauptsache, ich war noch einmal davongekommen.

Doch mit des Geschickes Mächten kann kein Dakkel Bünde flechten. Auf dem Heimweg kaufte Putzi eine Schere mit Zähnen und dickem Kopf und machte sich, kaum daß wir zuhause waren und ich mich von der Aufregung erholt hatte, über mich her.

Was sollte ich machen? Als besserer Hund kann man doch nicht seinen eigenen Herrn beißen! So begnügte ich mich mit einem diskreten Winseln, wenn er sich, in Unkenntnis, wo meine Haare aufhörten und mein Fleisch begann, danebenbenahm.

„Wer schön sein will, muß leiden", verkündete er schnaufend, wie er das jeden Morgen tut, wenn ich mich kämmen lassen muß und sich irgendwelche zusammengeklebten Haare zwischen den Zinken festhaken.

„Wer schön sein will, muß leiden", wiederholte er, und machte aus einem klassischen Dackel einen surrealistischen Stufenhund.

12

Man ist das Opfer seiner Duldsamkeit geworden. Nur Hellseher erkennen noch den Dackel in mir. Warum mußte Herrchen auch gerade an einem Mitglied seiner Familie seine ersten Reparaturversuche austoben.

Dabei fürchte ich, daß die Sache damit noch lange nicht ausgestanden ist. Er scheint auch noch stolz zu sein auf sein Werk. Da kann's mir blühen, daß er eines Tages, wenn meine natürliche Gestalt wiederhergestellt ist, in seiner unbegreif-

lichen Begriffsverwirrung von neuem ein Wrack aus mir macht.

Die Folgen meiner Verstümmelung sind nicht ausgeblieben. Neben unserer neuen Hütte laufen interessante sechs Beine herum. Vier davon, totschicke Sachen, promenierten heute morgen jenseits unseres Zaunes entlang, als ich gerade auf Inspektionsgang war. Bei näherem Hinsehen entpuppten sie sich als das Fahrgestell eines Rauhhaardackelfräuleins. Auf den attraktiven Verstrebungen saß eine süße schwarze Karosserie, die auf den Namen Susi hörte.

Leider hörte sie nicht auf mich, obwohl ich mir alle erdenkliche Mühe gab. Ich gebe mich nicht der Illusion hin, ein Adonis zu sein in meinem derzeitigen Zustand. Bei einer Schönheitskonkurrenz käme ich nicht mal durch die Vorwahl.

Aber daß die Kleine mich einfach stehen ließ wie einen Stoffhund, als ich mich als Mann von Welt vorstellen wollte und durch die Zaunlücke schnüffelte, schmerzte mich tief. Das Weibervolk hat

eben keinen Sinn für die inneren Werte. Wenn ich zum Ziel kommen will, muß ich mir was einfallen lassen.
Bei den übrigen zwei Beinen der Nachbarschaft scheinen die Chancen wesentlich günstiger zu stehen. Sie wurden von mir zwar erst einmal kurz beschnuppert, und für meinen Geschmack könnten sie auch ein ganz klein wenig schräger sein, aber nicht jeder kann schließlich das Glück haben und als Dackel auf die Welt kommen. Zum anderen haben diese Beine den Vorzug, dezent nach meiner spröden Schönen zu riechen.
Auch darüber, daß die Dame nicht Senta oder Asta heißt, was wesentlich besser klänge in meinen großen Ohren, kann man mit einem bißchen gutem Willen hinweghören. Edith klingt recht passabel. Und immerhin hat sie mich gestreichelt und „armer Hund" zu mir gesagt.
Da ist mir die Idee gekommen, mit ihr anzubändeln. Vielleicht könnte man sie als Frauchen gewinnen. Das wäre ein geschickter Zug, eines Dakkels würdig. Vielleicht entginge man dadurch einer erneuten Scherprozedur und gewänne zudem auf kaltem Wege Susi noch dazu.

13

Heute morgen marschierten zwei unsympathische blaßblaue Hosenbeine in meinen Schnüffelkreis. Darin steckte ein Kerl, der nach fremden Bäumen, Leim und Staub roch und gleich damit begann, meine Bewegungsfreiheit zu beschneiden. Ich mußte von meinem Stammplatz runter, einem gemütlichen Schlumpelsessel, damit der Blaubehoste daran herumfummeln konnte.
Die, die sich unsere Herren nennen, sind nie zufrieden. Das gehört zu ihren Lebensgewohnhei-

ten. Wenn sie eine neue Hütte gebaut haben, sind die alten Hölzer und Weichteile, die sie als Möbel bezeichnen, plötzlich nicht mehr gut genug. Und wenn sie kein Geld haben für neue, weil die Hütte nicht mal halb bezahlt ist, ziehen sie den bequemen alten Sesseln und dem Schlumpelsofa neue Felle über. Nur, damit die andern nicht sagen: der hat nicht mal das Geld für ein paar anständige Möbel.

Ich habe sofort gewußt, daß die ganze Gemütlichkeit dahin sein wird. Wo soll unsereiner da noch der Ruhe pflegen. Zu den auf neu getrimmten häuslichen Raststätten haben bestenfalls sacharinsüße Schoßmöpse noch Zutritt. Ich habe versucht, das staubleimige Zweibein von dem Vorhaben abzubringen. Aber der Bursche nahm übel. Und Putzi hat mich glatt vor die Tür gesetzt.

„Spiel im Garten. Später kannst du wieder rein!"

Wenn man nicht erwünscht ist, bitte. Hab ich eben die Biene gemeldet. Ich dränge mich keinem auf. Ich bin nicht wie gewisse Leute, die nicht bemerken, daß man sie lieber nur von weitem sieht. In meiner unaufdringlichen Art warte ich, bis man mich ruft. Und auch dann überlege ich's mir gründlich, ob ich kommen soll.

Heute morgen jedenfalls machte ich mich davon. Unsereiner hat grundsätzlich nichts gegen Freizeit. Er weiß mehr mit ihr anzufangen als mancher Zweifüßler, der sich Arbeit suchen muß, weil er sonst vor Langeweile eingeht.

Ich hätte schon gewußt, auf was ich mich zu kaprizieren habe. Aber ausgerechnet heute war Freitag. Und freitags ist Susi mit Edith in der Stadt. Die Zaunpromenade war leer. Und nachdem man mit zwei, drei Spritzern gewohnheitsmäßig seine Hoheitsrechte ausgeübt hatte, wurde die Angelegenheit uninteressant.

So beschloß ich, anderweitig Kontakte zu suchen. Unten am Bach war die Erde weich genug. Dort konnte man sich ohne große Mühe unter der Absperrung durchgraben. Wenn man auf der anderen Seite ist, fühlt man sich zwar wie ein umgestülpter feuchter Sandsack, weil die Krümel an einem hängen bleiben und man ja auch noch durch Wasser muß.

Aber drüben ist ein Paradies.

Es gibt Leute in Dreieichenhain, die sind so sparsam, daß sie nicht bei der Müllabfuhr abonniert sind. Den Dreck, der ihre Hütten wärmt, verbrennen sie im Ofen. Einen andern Teil werfen sie auf einen Haufen im Garten, und wenn der alt genug ist, buddeln sie ihn unter und ziehen Kartoffeln daraus. Und den Dreck, der nicht warm macht und kein neues Futter bringt, den schmeißen sie jenseits des Bachs ins Schilf.

Dazu gehört alter Käse, der ihrer Sparsamkeit entgangen ist und auch bei großzügigster Auslegung der Genießbarkeitsregeln nicht mehr zu verdauen war. So einem zwölf Wochen alten Käse lief ich in die Arme. Er zog mich förmlich an

sich. Wer jetzt allerdings denkt, was den Zweibeinern ungenießbar erscheine, sei für einen Dakkel noch gut genug, ist auf dem Holzweg.
Wir sind sehr etepetete. Was besagen soll, daß wir Markenartikel bevorzugen, deren Alter nicht so offensichtlich zum Himmel duftet. Apropos Duft! Darum geht's nämlich. Es gibt keinen köstlicheren, intensiveren und vor allem haltbareren als den von solch vergammeltem Käse. Da kann Omi mit der größten Bütte voll Waschbrühe nichts ausrichten.
Ich habe mich in Positur gestellt, Maß genommen, genau die Richtung gepeilt und mich dann mit dem Käse vereint. Dabei kam mir trefflich zustatten, daß Putzi beim Scheren gerade hinter meinen schwer zugänglichen Ohren die Übersicht vollends verloren hatte. So kam das Parfum an die nackte Haut, und es war ein leichtes, es durch geduldiges Ambodenentlangdrücken gehörig einzumassieren.
Dieser unerwartete Glücksfall am Beginn meines Spaziergangs tröstete mich über den Hinauswurf und Susis Abwesenheit hinweg. Ich verzieh Putzi sogar die mangelhafte Solidarität gegenüber seinem besten Freund. Was mir zugegebenermaßen auch sonst nicht schwer gefallen wäre. Denn wir Dackel sind von Natur aus zwar eigenwillig, aber keineswegs nachtragend.
Meine gute Stimmung sollte allerdings an diesem Tag noch arg strapaziert werden. Am Unterlauf

des Hengstbachs, den die Eingeborenen kurz ‚die Bach' nennen, weil das schneller geht, suchte ich nacheinander die Bekanntschaft mit einer gescheckten Kuh, einem Silberschwanz, einer Feldmaus und einem Hasen. Alle vier zeigten aber kein Vertrauen in meine lauteren Absichten.

Das riesige Rindvieh hätte mich ums Haar am Boden zerstört. Die Forelle, die just vor meiner Nase vorbeischwamm, als ich meinen Schrecken mit einem kühlen Schluck hinunterspülen wollte, war zu glatt, um sie zu einem tete à tete bewegen zu können. Die Maus verkroch sich piepsend tief in ihr Erdloch, und alles Scharren brachte mich nicht näher an sie heran.

Und auch der Hase muß mich mißverstanden haben. Er faselte etwas von ‚Schonzeit' und wetzte davon. Gegen solches Nachlaufspiel hatte ich nichts einzuwenden. Ich also hinterher. Aber der Dussel schlug Haken und war auch sonst zu schnell für mich. Am Ende gab ich's auf, hißte die Zunge in den Wind und haute mich erst mal unter einen schattigen Baum.

Als ich mich etwas frischer fühlte, trottete ich weiter. Beim Nachlaufspielen mit dem unverständigen Langbein war ich in die Nähe des Dorfweihers gekommen. Zwei Männer hockten da, wo das Wasser aufhörte und versuchten auf ihre Weise, mit den Forellen anzubändeln. Mich interessierte, ob die dummen Viecher den Köder annahmen. So hockte ich mich dazu.

Aber heute hatte ich wirklich kein Glück mit den Lebewesen, die mir vor die Schnauze kamen. Kaum saß ich, da brüllte der eine: „Pfui, was stinkt der Kerl!“ und scheuchte mich fort. Was für einen sonderbaren Geruchsinn muß der Mensch haben, daß er die köstlichsten Düfte mißachtet!

Unterwegs begegnete ich einem wunderschönen Sandhaufen. Mir fiel ein, daß meine Zeit eigentlich schon überschritten war. Ich bin sehr für regelmäßige Geschäfte. Weil ich aber weiß, wie wenig es die Zweibeiner lieben, wenn sich unsereins mitten auf die Straße setzt, erklomm ich frohgemut den Hügel.

Ich war noch nicht fertig, da tauchte hinter einer Holzhütte jemand auf, dem der Sand zu gehören schien. Er schwang eine Schaufel und stürmte auf mich los. Heute geht aber auch wirklich alles schief, dachte ich und unterbrach vorsichtshalber meine Produktion. Die Menschen sind eben unberechenbar. Dabei stand auf dem Schild am Rande der Stelle lediglich ‚Bauplatz — Schutt abladen verboten!‘ Jetzt frage ich mich, was verstehen die Leute denn eigentlich unter Schutt?

„Da bist du ja wieder, du Ausreißer“, empfing mich Steffi.

Wer hat mich denn vor die Tür gesetzt? wollte ich sie fragen. Da fiel mir ein, daß da noch immer gewisse Verständigungsschwierigkeiten bestehen, sobald meine Konversation gehobenes Niveau annehmen will. So begnügte ich mich mit einem resignierten Schwanzwedeln.

Mit einem Mal schrie Klein-Frauchen entsetzt auf. „Omi, schnell, komm her. Petrus ist in eine Jauchegrube gefallen!“ Und weil Tante Anna den Umzug aufs Land nicht mitgemacht hat, war ich kurze Zeit später schaumreguliert und klatschnaß.

14

Putzi hat mir ein Abkommen angeboten, dem ich zustimmte. Er war so nobel, eine Hütte für mich zu besorgen, in der kein anderer was zu suchen hat. Die ist in den Garten gestellt worden. Dabei hat Putzi gleich den Gartenzwerg demoliert, den Omi als Inbegriff deutscher Idylle dort placiert hatte. Ein lebender Dackel sei ihm sowieso lieber als ein toter Zwerg, verteidigte sich Herrchen. Wenn ich künftig störend empfunden werde in der guten Stube, ziehe ich mich ins Exil zurück.

Für diese Chance ignorierte ich glatt die neuralgischen Polsterweichteile, die sowieso nicht mehr schlumpelig genug sind, um sich dackelgerecht hineinzuknuscheln. Das neue Fell von den Dingern hat sich als glatte Haut entpuppt, die ich zudem für meine speziellen Bedürfnisse erst hätte aufrauhen müssen. Was garantiert wieder Krumpel gegeben hätte.

Meine Dependance ist heute angeliefert worden. Frei Garten sozusagen. War zuerst eine ziemliche Enttäuschung. Das Ding scheint von der Stange zu sein. Durchschnitts-Konfektion. Mit so einem Fertighaus kann man kein bißchen angeben. Die andern wissen von vornherein, wieviel es gekostet hat.

Ich hab' mich damit getröstet, daß der Inhalt den Wert ausmacht und nicht die Verpackung. Was soll der exklusivste Palast, vor dem die Leute in demütiger Bewunderung stehen bleiben — wenn dann ein Kleinstpinscher herausschwänzelt. Außerdem hat mein Bungalow den Vorteil, so zu stehen, daß ich aus seinem Inneren heraus ungesehen das Susigrundstück beobachten kann.

Auf der anderen Seite meines Hoheitsgebietes befindet sich ein herrlicher Wühlacker, über den ich bis jetzt die Mandatsrechte ausgeübt habe. Der Traum ist ausgeträumt. In den letzten Wochen haben sich dort ein paar fremde Zweibeiner breitgemacht. Inzwischen sind sie wie Wühlmäuse in der Erde verschwunden. Ich habe gehört, wie

Putzi zu Klein-Frauchen gesagt hat, das sei eine selbstgebastelte Baugrube und ein Zeichen dafür, daß es sich hier um eine kinderreiche Familie handele. Der Drang zur eigenen Hütte sei besonders kinderreichen Familien mit nicht genügend Geld zu eigen.

Die ganze Sache fing damit an, daß sie ein Schild aufstellten „Betreten des Grundstücks verboten — Besitzer haften für ihre Hunde!". Die mögen kinderlieb sein. Von Hunden haben die keine Ahnung.

Manchmal wünsche ich, wieder ein herrenloser Kosmopolit zu sein. Man wäre doch ungebundener und brauchte nicht so oft hündische Rücksichten zu nehmen. Jedenfalls hab' ich mir die Wühlmäuse trotz des Schildes aus der Nähe angesehen. Von mir kann man schließlich nicht erwarten, daß ich solche albernen Verbote beachte.

Ich hab' mich ans Loch gestellt und „Guten Tag" gesagt. Man weiß ja, daß man sich auch bei unsympathischen Leuten an die Formen halten soll. Aber die unten haben nur raufgestarrt und nicht geantwortet. Ich habe meinen Gruß wiederholt. Das Resultat hätte niederschmetternd sein können, wenn ich dem Spaten, der heraufgeflogen kam, nicht rechtzeitig ausgewichen wäre.

So was von Anti-Hund! Na warte, hab' ich gedacht, wenn ihr unhöflich seid, kann ich's schon lange sein. Ertrunken sind die drunten nicht davon. Dazu war das Loch zu groß, und man ist ja nur ein kleiner Hund mit beschränkter Kapazität. Aber gemerkt haben sie's schon. Ich konnte es hören, wenn ich sie auch nicht verstand, denn sie sprachen Eingeborenendialekt. Von dem hat Putzi behauptet, kein Schwein könne ihn verstehen. Und was einem Schwein recht ist, soll dem Dakkel billig sein.

Als ich gerade überlegte, wie ich mich weiter verhalten sollte, kam Edith vorgefahren. Erfahrungsgemäß taucht in diesem Fall gleich darauf Susi auf. Ich nichts wie hin. Meine Stufen sind zwar noch immer nicht ganz zugewachsen. Aber ich bin mir doch schon wieder viel ähnlicher geworden. Und es hätte ja sein können, daß sich die Kleine mittlerweile an mich gewöhnt hat.

Zunächst tat ich so, als beachtete ich sie gar nicht. Diese Methode soll manchmal recht wirkungsvoll sein. Ich sprang an Edith hoch und begrüßte sie durch Handlecken. Denn wir beide sind jetzt schon gute alte Bekannte. Susi schienen diese diplomatischen Beziehungen zu ihrem Frauchen ausgesprochen suspekt zu sein. Sie drängte sich plötzlich neben mich und erwischte Ediths andere Hand. Die trug aber leider eine Tüte, in der Eier waren — wie sich gleich darauf herausstellte.

„Du dummes, eifersüchtiges Mädchen", schalt Edith und brachte ein heil gebliebenes Einzelei in Sicherheit. Aber dabei streichelte sie dem Frauenzimmer noch das Fell. In mir verstärkte sich wieder mal der Eindruck, daß Edith unbedingt mein

großes Frauchen werden muß. Wenn mir das bei meiner Familie passiert wäre, mich hätte keiner gekrault.
Edith lief ins Haus, Susi hinterher. Ich blieb allein zurück auf der Eierflur. Ordentlich, wie man nun mal ist, begann ich mit den Aufräumungsarbeiten, wobei es gar nicht so einfach war, das von mir bevorzugte Eigelb aus dem Matsch herauszufischen.
Als Edith zurückkam, um den Schlamassel wegzuputzen, war aber doch schon soviel getan, daß sie den guten Willen erkannte. „Du bist ein Schatz“, versicherte sie, hob mich an den beiden Vorderpfoten hoch und gab mir den ersten Kuß meines Lebens auf meinen Charakterkopf. Ich blieb ihr nichts schuldig, worauf sie lachend sagte: „Aber geh, ich bin doch nicht Susi!“
Sie ist eine kluge Frau und scheint meine Schwäche für das hochnäsige Biest erkannt zu haben.

15

Meine schlechten Erfahrungen mit dem zweibeinigen Wühlmäusen aus der Nachbarschaft sind auf dramatische Weise bestätigt worden. Steffis Ball war in die feindliche Grube gefallen. Sie ging hin und wollte ihn wiederhaben.
Da zeigte sich so richtig, was für eine fiese Type die Oberwühlmaus ist. Hat sich glatt geweigert. Ich wäre am liebsten aus meiner Dackelhaut gegefahren und ein überdimensionaler Schäferhund geworden. Die hätten den Ball rausgerückt!

Als Putzi heimkam, erzählte ihm Klein-Frauchen aufgeregt den Vorfall. Herrchen blieb ganz ruhig. Ich leckte mir schon schadenfroh die Lefze. Bellende Putzis beißen nicht. Putzi bellte nicht, also konnte sich der Ballräuber auf was gefaßt machen.

Am Abend tauchte der Kerl prompt an unserem Gartentor auf. Ich hatte mich in mein Fertighaus zurückgezogen und wartete gespannt. Da machte die Oberwühlmaus einen folgenschweren Fehler. Sie drückte nicht auf den Klingelknopf am Garteneingang, sondern auf den Türgriff.

Die Selbstherrlichkeit, mit der dieser unangenehme Zweifüßler in fremder Leute Territorium einmarschierte, während er selbst Höflichkeitsbesuche benachbarter Rassehunde auf seinem Rübenacker mit Spatenwürfen beantwortete, veranlaßte mich, aus meinem Schattendasein hervorzutreten. Ich stellte mich ihm in den Weg.

Daraufhin beging er Fehler Nummer zwei. Er überschätzte sich und verwechselte mich mit einem Schemel, den er mit einem Fußtritt zur Seite räumen wollte. Dieser Irrtum kostete ihn ein Stück Hose. Als Putzi, durch den Lärm herbeigerufen, aus dem Haus kam, war die Angelegenheit von mir aus bereits geregelt. Den Ball hatte der Eindringling fallen lassen.

„Guten Abend", grüßte Putzi scheinheilig „Sie wünschen?" Eine Frage, die in Anbetracht der deutlich zutage tretenden Sachlage nicht ohne

Anreiz für das Grunzorgan der lädierten Oberwühlmaus bleiben konnte. Von der erwartungsgemäß einsetzenden Schimpftirade kriegte Herrchen höchstens die Hälfte mit. Eingeborenendialekte haben die Eigenschaft, beim Gebrauch im erregten Zustand die Stimme überschnappen zu lassen und rückwärts gespielten Grammophonplatten zu ähneln.

Als die Oberwühlmaus ihr Kauderwelsch ausgesabbert zu haben schien, sagte Putzi nur: „Sie hätten draußen klingeln sollen, wie es allgemein üblich ist. Dann wäre nichts passiert. Übrigens tut Petrus sonst keinem was. Haben Sie ihn vielleicht irgendwie geärgert?“ Herrchens Stimme war verdächtig freundlich geblieben, woran sich wieder einmal der Unterschied zwischen dem Niveau des Ureinwohners und demjenigen eines zivilisierten Zweifüßlers offenbarte.

Den Urigen beeindruckte das jedoch nicht sonderlich. Er stellte sein rückwärts spielendes Grammophon wieder an. Ich verstand nur etwas von „Polizei“. Das schien aber wiederum auf Putzi keinen bleibenden Eindruck zu machen. Er zeigte plötzlich seine eiskalte Hundeschnauze, ging an dem quäkenden Eingeborenen vorbei und öffnete die Gartenpforte ganz weit.

„Schicken Sie mir die Rechnung für Ihre Hose. Und wenn Sie wieder mal einen Wunsch haben, rufen Sie am besten von der Post aus an.“ Dem lieben Nachbarn verschlug's die Rede. Er stand da wie ein aufgeblasener Gartenzwerg und starrte verständnislos aus dem übrigen Anzug. Wenn man nicht ein solch humaner Hund wäre, man hätte darauf gewartet, daß ihn im nächsten Moment der Schlag träfe.

Putzis vornehme Aufforderung, uns von sich zu befreien, hatte er jedenfalls offenbar nicht begriffen. Ich meldete mich daraufhin erneut zu Wort. Mich verstand er inzwischen besser. Plötzlich ließ er Luft ab, wurde klein und häßlich und zog Leine.

„Blöder Hund!" räsonierte Klein-Frauchen im Hintergrund. Sie hatte sich die ganze Zeit über nicht hinter der Hausecke hervorgetraut. Ich drehte mich vorwurfsvoll um. Obwohl sie damit nur das gerade demobilisierte Zweibein gemeint haben konnte, behagte mir die verwandtschaftliche Bezeichnung nicht. Mit so jemandem will ich keine gemeinsamen Vorfahren haben.

„Schon gut. Ich nehm's zurück", lenkte Steffi ein. „Ist er eben ein dämlicher Ochse." Das wiederum hörte Herrchen und nahm sie ins Gebet: „Gut erzogene Kinder sagen so was nicht."

Aber mir hat sie damit aus dem Herzen gesprochen — auch wenn man vielleicht einige Bedenken haben könnte wegen der Anatomie von dem Kerl. Doch über solche Kleinigkeiten muß man sich eben hinwegsetzen. Schließlich sind nicht jedem Rindvieh Hörner gewachsen.

16

Gegen Mittag schleppte Herrchen einen Blecheimer und einen riesigen Pinsel an. Nach seinen Vorbereitungen zu schließen, handelte es sich um eine größere Sache. Es ging aber nur um den Holzzaun zum Susi-Areal, den er streichen wollte.

Nachdem er die erste Latte angeschmiert hatte, zog er erst mal den Rock aus. Dann quälte er sich ein Stück weiter, ehe er sich seines Schlipses entledigte. Putzi ist ein feiner Mensch und bemüht sich stets, auch bei der Arbeit seinen gesellschaftlichen Stand zu zeigen. Schon bald fing aber sein weißes Hemd an, braun zu werden. Da entfernte er die Manschettenknöpfe und rollte die Ärmel hoch.

Als die Hälfte des Zaunes und die Hälfte seiner Schnauze voll waren und er beinahe schon aussah wie ein richtiger Handwerker, schnappte er den Eimer und wuchtete ihn über den Zaun, um an die andere Seite heranzukommen.

Ich lag vor der Haustür, aalte mich in der Sonne und blinzelte manchmal zu ihm hinüber. Susi war aber nicht zu sehen. Beim Sonnenblinzeln muß ich gewöhnlich zuerst niesen und schlafe dann ein. Scheppern, Schreckensrufe und weibisches Wehgeschrei rissen mich aus meinem Nirwana. Als ich beunruhigt näher schlich, bot sich mir ein tragisches Bild. Putzis Eimer war umgestürzt. Das braune Zeug bildete eine ölige Lache auf der Erde. Und in der Lache saß winselnd und zu Tode erschrocken Susi. Sie war von vorn bis hinten mit dunkler Soße bekleckert und sah aus, wie ein in warmen Regen geratener Schokoladenhase.

Edith kam herbeigeeilt. Putzi schrie: „Sie hat den Inhalt untersuchen wollen und den Pott dabei umgeschmissen. Wir müssen sie zum Arzt bringen. Das Zeug ist ziemlich scharf."

„Das dauert zu lange", antwortete Edith und griff den Schokoladenhasen am Genick. „Wir dürfen nicht warten, bis die Beize die Haut an-

greift." Und die beiden liefen mit dem jammernden Weibsbild runter zum Bach.

Im ersten Moment tat mir die Kleine ja leid. Aber dann leistete ich mir ein bißchen Schadenfreude. Man hat schließlich nicht umsonst so lange mit Zweibeinern zusammengelebt.

Und vielleicht drückte der Schock ihre Hochnäsigkeit herunter und brachte sie mir näher. Ich schnupperte äußerst zurückhaltend an der versickernden Pfütze. Brrrr, da wächst bestimmt kein Gras mehr. Endlich lief ich meiner Wunschfamilie nach. Mal sehen, wie die sich anstellten. Sie hatten Susi in die Strömung gelegt. Was ihr aber nicht recht war. Das dumme Luder strampelte wie verrückt, statt froh zu sein, daß sie ihr den Dreck aus dem Fell wuschen.

Ich beschloß, ihr meine mitfühlende Seele zu zeigen und ging freiwillig ins Wasser. Allerdings

etwas oberhalb von ihr, wo der Bach noch kein Aperitif war.
„Er ist doch ein Ehrenmann", kommentierte Putzi anerkennend. Doch die Dame, für die ich mich strapazierte, nahm auch jetzt keine Notiz von mir. Undank ist der Welt Lohn. Begab ich mich also wieder an Land.
„Das reicht nicht", sagte Edith nach einer Weile heftigen Bemühens.
„Natürlich nicht", bestätigte Putzi, der Kluge. „Das Zeug ist viel zu fettig. Da müssen wir schon Seife nehmen."
Jawohl! Mit viel Schaum, damit ihr der Hochmut weggeschäumt wird, knurrte ich dazu. Und wäre bereit gewesen, den größten Knochen als Eintrittspreis für diese Vorstellung zu bezahlen. Was sich aber erübrigte, denn ich wurde Ehrengast — und anschließend sogar noch von Edith zusammen mit Putzi zu Kaffee und Kuchen eingeladen. Ein Ansinnen, das ich selbstverständlich geschmeichelt annahm. Kuchen macht zwar dick, aber an einem Festtag kann man schon mal sündigen.

17

Herrchen macht gute Fortschritte bei Edith. Für heute abend hat sie ihn schon wieder eingeladen. Allein, ohne mich. Welche Möglichkeiten! Wohin soll das führen? Man bleibt ja gar nicht auf dem Laufenden.
Dabei bin ich der Meinung, daß ich Herrchen gut stehe. Ein ungestutzter Dackel ist ein gesellschaftsfähiges Accessoire. Putzi könnte mich also ruhig mitnehmen. Ich würde seine Kreise schon nicht stören. Werde versuchen, ihn drauf anzustoßen.

Hab' ich mir beinahe schon gedacht, daß er nicht wollte. „Dabei kann ich dich wirklich nicht brauchen. Du interessierst dich ja doch nicht für's Fernsehen.“ Die Menschheit wird eben immer roher. Erst darf man nicht mehr aufs Bett. Dann wird man verstümmelt. Schließlich werden einem die schönen Schlumpelsessel unterm Hintern weggezogen. Und jetzt auch noch solche Schwierigkeiten bei existenznotwendiger Kontaktpflege. Fernsehen wollte mein Herr und Meister. Und da soll unsereiner die Schnauze halten. Wo er uns anderen den Guckkasten vorenthält. Mit der fadenscheinigen Ausrede, dann säßen wir den ganzen Tag über davor, und das Familienleben sei im Eimer. Was übrigens ausgeknurrter Quatsch ist. Welcher Durchschnittsköter interessiert sich schon für die Flimmerkiste. Selbst ich schaue nur manchmal die gehobenen Sendungen mit den Doktoren Grzimek und Hofer an. Obwohl deren Biester bestenfalls nach warmem Holz riechen. „Fernsehen bildet“, hat Omi behauptet, die gerne den Duft der weiten Welt aus dem Kasten inhalieren möchte. „Ja, das stimmt, ich kann was dabei lernen“, assistierte ihr Steffi, von der ich weiß, daß sie eine Schwäche für Quizzeleien hat. Ist ja auch eine tolle Sache. Man braucht bloß den Namen zu kennen von dem Schoßbello der altchinesischen Kaiserin Kirikih, und schon wird man zum Wunderzweibein ernannt und kriegt einen Straßenkreuzer aufgedrängt.

Aber Herrchen zeigte sich wieder mal als sturer Hund. „Ich habe kein Geld dafür. Wenn ihr fernsehen wollt, dann guckt zum Fenster raus." Manchmal ist er halt arg ruppig, unser Putzi. Aber er meint's nicht so. Das halte ich ihm zugute.
Kurz und klein, er hat mich jedenfalls nicht mitgenommen. Dafür aber so einen dämlichen Blumenstrauß, der nach nichts riecht und nach nichts schmeckt.
Ich beschloß, auf eigenes Geheiß zu handeln. Als Omi hinters Haus ging zu der Tonne, in die wir unseren Dreck werfen, wetzte ich hinterher. Ich kroch in meinen Bungalow und wartete, bis die Luft rein war. Dann machte ich mich davon.

Nicht ohne zuvor den Kalbsknochen von der vergangenen Woche ausgebuddelt zu haben. Der war eigentlich für schlechte Zeiten gedacht. Aber mitbringen muß man schon was, wenn man einen

Besuch abstattet. Und mit so einem wohlduftenden Knorpelknochen kommt man gewöhnlich gut an.

Ich also runter zum Bach, dort unterm Zaun durch, auf der anderen Seite wieder hoch und zur Hütte meiner lieben Edith. Die Tür war verschlossen. Mit derartigen Widerwärtigkeiten wird ein mitteleuropäischer Dackel aber leicht fertig. Man braucht bloß um zwei Ecken zu marschieren und an der Verandatür zu kratzen. Der Trumpf sticht stets.

Auch heute war diese Methode das ‚Sesam-öffnedich'. In der Aufregung vergaß ich allerdings, daß der Knochen für Susi gedacht war und legte ihn auf den Teppich vor Ediths Füße. Putzi sprang sofort vom Sessel hoch und brachte es doch tatsächlich zuwege, sich zu entschuldigen. Immer diese Dramatisiererei.

Glücklicherweise blieb Edith auch jetzt ganz Dame. „Dankeschön für den feinen Knochen. Das ist sehr lieb von dir. Aber solltest du den nicht Susi geben? Die würde sich bestimmt noch mehr darüber freuen als ich." Das nenne ich Lebensart. Sie hätte meine Fehlzündung ja auch ausnutzen und das Geschenk für sich behalten können.

Der eigentlich kritische Moment stand aber noch bevor. Susi lag zusammengeballt in ihrem Körbchen. Sie hielt es nicht mal für nötig, ihren Gast zu begrüßen. Jetzt nur kühlen Kopf bewahren. Ich überlegte blitzschnell. Wenn ich der den Knochen servierte, die war imstande und roch nicht mal dran. Und ich war der Blamierte.

Wie gut, daß man intelligent ist. So fiel mir rechtzeitig was ein. Ich stellte mich einfach dumm. Das heißt, ich verstand nicht, was Edith wollte. Mir blutete zwar das Herz, denn mein Wunsch-Frauchen mußte mich für begriffsstutzig halten. Aber ich blieb fest.

Ich trottete zu Herrchen, als ob ich nicht bis Drei zählen könnte und ließ mich dort fallen, ohne den Knochen anzurühren.

Beide Spekulationen waren erfolgreich. Edith blieb nichts anderes übrig, als das Kalbsstück selbst Susi zu bringen. Und ich behielt auch recht mit meinem Verdacht. Die Rotznase wackelte nicht mal mit dem Schwanz.

„Sie ist noch satt von heute mittag", nahm Edith das verwöhnte Ding in Schutz. „Sie hat eine ganze Schüssel voll ‚Schnauzi' gekriegt."

Putzi schüttelte verständnislos den Kopf.

„Sie machen furchtbar viel Reklame damit im Fernsehen", erklärte Edith. „Und Susi nimmt es auch gern. Es bekommt ihr gut."

Wenn doch für mich mal jemand Reklame machen würde. Aber als reiner Amateur ist man den Routiniers hoffnungslos unterlegen. Wenn man Pech hat, wird man, ehe man sich's versieht, zum Ladenhüter.

„Das Futter gibt es fertig in der Dose." Aha, anscheinend ist dieser Hündin die Konserve in den

Kopf gestiegen. Bei passender Gelegenheit werde ich ihr die Vorteile von Frischfleisch klarmachen. Immer diese neumodischen Ideen.
Edith war rausgegangen und brachte was mit. Zuerst ließ sie Putzi dran schnuppern. Der nickte anerkennend. Dann kam sie zu mir. Als sie mir die Dose vor die Nase hielt, wachte meine Angebetete plötzlich auf. Sie schwänzelte heran und wollte anfangen, zu fressen. Da brannte bei mir eine Sicherung durch, und ich habe ihr gezeigt, was ich von der Gleichberechtigung halte.

Während ich dem Wahrheitsgehalt der Schnauzi-Reklame auf den Grund ging, schlich Susi demoralisiert in ihr Körbchen zurück. Das Zeug war übrigens gar nicht so schlecht. Wenn das so weitergeht, kriege ich noch selbst einen Hängewanst. Petrus, Petrus bleibe hart. Suche dein Heil in der

Askese — sagte ich mir hinterher. Mit vollem Ranzen kann man ja auch leicht Vegetarier sein. Mit dem nötigen Eigengewicht konnte ich dem restlichen Abend gelassen entgegensehen. Herrchen schien meine Anwesenheit völlig vergessen zu haben. Wenn er nicht gerade mit Edith tiefschürfte, konzentrierte er sich auf den Guckkasten. Mir war's recht. Ich war froh, dabeisein zu dürfen.

Susi machte in Desinteresse. Sie schnarchte still vor sich hin und zeigte nur manchmal durch Beinezittern an, daß sie im Traum unterwegs war. Und sie erwachte auch nicht, als ich beim Aufbruch meinen verschmähten Kalbsknochen wieder mitnahm, der noch immer neben ihr lag.

18

Putzi hat Geschmack gefunden an Dreieichenhainer Nationalschlürfe. Sie sieht aus wie gehobenes Bein, riecht nach feuchtem Kartoffelkeller, schmeckt nach verschimmeltem Essig und stammt — wie der Mensch — vom Apfel ab.
Die Zweifüßler, die gern übertreiben, nennen sie Wein und sagen, Wein aus Äpfeln sei gesund. Außerdem ist er billig und macht, in größerer Menge geschlürft, besonders lustig. Am lustigsten sind sie beim Wirt am Schloßteich. Er hat eine

gemütliche, baufällige Hütte mit schiefem Dach, herrlich krummen Wänden, bunten Schlumpelkissen auf den Bänken und einem Separatzimmer über'm Hof, das wie eine frisch geteerte Dorfstraße duftet und in dem sich die Zweibeiner an die Wand stellen, um den Apfelwein wieder rauszulassen.
Der Leithund von dem Etablissement heißt Kuchen. Aber die Zweifüßler haben erkannt, daß der Name gar nicht zu ihm paßt, weil er zum Apfelwein immer nur Handkäse verfüttert. Sie nennen ihn einfach ‚Batzewirt'.
Der Käse vom Kuchen spielt in meinem Dasein zur Zeit eine überragende Rolle. Ein- bis zweimal in der Woche nimmt mich Putzi mit zum Batzewirt. Und ich befriedige dort meinen Käse-Appetit unterm Stammtisch von Metzger Stink, dem pensionierten Förster Wuff und dem alten Strohsack, den sie den Heiligen Strohsack rufen, obwohl der Herr Pfarrer dagegen sein soll, der Kirche vorzugreifen, die für eine solche Entscheidung Jahrhunderte brauche.
Das mit dem Käse ist eine feine Sache. Die Zweifüßler futtern ihn nämlich sehr großzügig. Daß heißt, sie lassen öfter mal was fallen. Und weil die Dreieichenhainer in der Mehrzahl wohlerzogene Leute sind, kommt es auch nur selten vor, daß sich einer bückt, um ein abgestürztes Käsestück für die eigene Schnauze vom Fußboden zu kratzen.

Heute wurde ich der Ehre teilhaftig, dem Herrn Pfarrer vorgestellt zu werden. Omi, die Komplikationen wegen meines Namens befürchtet, redet mich unterwegs einfach in freier Übersetzung mit ‚Peter' an. Man kommt sich dabei zwar wie ein Kater vor, aber Omi ist alt, und ich seh's ihr nach. Doch Herrchen liebt nun einmal keine Inkonsequenz. Darum rief er mich heute in der Kneipe vom Batzewirt, als ich mich bei einer Käsepirsch zu weit vorgewagt hatte, bei meinem Originaltitel.

Nun trank aber ausgerechnet am Nebentisch der Herr Pfarrer seine Limonade. Ich wurde von einem explodierenden Geräusch erschreckt. Offensichtlich war ihm die Kohlensäure von dem Rülpswasser in die Nase gestiegen. Als er wieder regelmäßig Luft kriegte, kam er zu uns an den Tisch.

„Verzeihen Sie gütigst, mein Herr", begann er. Was mich augenblicklich zuversichtlich stimmte. Denn wenn er mein Herrchen als seinen Herrn anerkannte, konnte eigentlich schon nichts mehr schiefgehen.

„Verzeihen Sie", wiederholte er, und seine schlanke Figur krümmte sich wie eine einzelnstehende Kiefer im Wind. „Dürfte ich mich wohl zu Ihnen setzen?"

„Aber bitte", sagte Herrchen, „es ist ja Platz genug da."

Wir nahmen beide Platz. Er, um eine Unterhal-

tung in Gang zu bringen, wie sich sogleich herausstellte, ich, um dabeizusein.
„Ist das Ihr Hund?“ fragte der Herr Pfarrer. Putzi bejahte das.
Wenn Susi mich jetzt sähe, ging es mir durch den Kopf. Ich am selben Tisch mit einem der Honoratioren von Dreieichenhain.
„Sie dürfen es mir nicht verübeln, wenn ich mich verhört haben sollte“, fing er wieder an. Was für ein höflicher Mensch, dachte ich. Er entschuldigt sich dauernd. „Aber haben Sie soeben Ihren Hund Petrus gerufen?“
„Sie haben sich in der Tat nicht verhört“, bestätigte Putzi nicht minder höflich.
„Hm“, brummte der Herr Pfarrer. Und noch einmal: „Hm.“
„Ein hübscher Name, gelt?“ fragte Putzi.
„Ja, und sehr originell“, meinte der Herr Pfarrer. Nebenan klatschte etwas auf den Boden. Ich entschuldigte mich, ohne daß die beiden darauf achteten und sprang hinunter. Wenn ich den Käse nicht schnell genug wegputzte, würden ihn Strohsacks Pfoten in die Bodenritzen stampfen, aus denen man ihn so schlecht wieder rauskriegt.
Nach erfolgreichem Einsatz kehrte ich an unseren Tisch zurück. „Trotzdem finde ich es nicht richtig“, sagte der Herr Pfarrer gerade. „Der Respekt vor dem heiligen Apostel sollte Sie bewegen, ihn nicht so zu nennen.“
„Warum denn nicht?“ fragte Herrchen. „Er ist

doch Gottes Geschöpf wie Sie und ich und wie es der Apostel auch war."

„Gewiß, gewiß, lieber Freund", gab der Herr Pfarrer zu und gönnte mir einen nachdenklichen Blick, der mich sehr für ihn einnahm. „Es ist auch nur wegen der Unvernunft der Leute. Denken Sie doch nur, welche Kombinationen die Gassenjungen daran knüpfen könnten, wenn er sein Bein hebt, wenn er sein Geschäft verrichtet, wenn er in Mäuselöchern wühlt, wenn er sich kratzt — und immer im Namen des Apostels."

„Bis jetzt hat noch keiner etwas dabei gefunden", sagte Putzi. Aber ich sehe ein, daß Sie nicht so unrecht haben. Ich werde ihn also in Zukunft in aller Öffentlichkeit nicht mehr so rufen."

„Da bin ich Ihnen sehr dankbar", sagte der Herr Pfarrer, erhob sich, verbeugte sich grüßend, zahlte die Limonade und ging mit deutlicher Befriedigung hinaus.

Kurz darauf brachen auch wir auf. Leider gab's dabei noch eine peinliche Szene. Strohsack, der unheilige, hatte sich so mit Dreieichenschlürfe vollaufen lassen, daß einiges in seiner Erinnerung durcheinandergefallen war und er rundheraus verlangte, Putzi solle den runtergerutschten Handkäse bezahlen.

Metzger Stink, der bei ihm saß, stellte sich zwar taub, weil wir Kunden sind und er es nicht mit uns verderben wollte. Aber Altförster Wuff, an dem ich schon mal meine Markierung hinterließ, weil ich ihn mit 'ner knorrigen Eiche verwechselt hatte, nannte mich einen instinktlosen hergelaufenen Stadtköter, der des einheimischen Käses gar nicht würdig sei.

Herrchen schüttelte verwundert den Kopf, ignorierte die beiden Figuren und fragte den Batzewirt hinter der Theke harmlos: „Warum servieren Sie Ihren Käse eigentlich nicht mit Bindfaden?"

„Wieso mit Bindfaden?" fragte der zurück.

„Zum Raufziehen, wenn er runtergefallen ist", meinte Putzi und nahm mich an die Leine.

Zu Hause erzählte er Omi von dem Gespräch mit dem Kirchenzweibein. „Siehst du, ich hab's ja immer gesagt", regte sich Omi auf. „Wenn er von der Kanzel herunter darüber spricht, kann ich mich nicht mehr sehen lassen im Ort. Ich werde schnell einen Kuchen backen und ihm bringen."

„Deine Sorgen möcht' ich haben", knurrte Herrchen. „Als ob der Herr Pfarrer seine Meinung für ein Stück Kuchen ändern würde."

„Pfarrer sind auch Menschen", erklärte Omi unbeirrt und machte sich sogleich an die Arbeit.

FÜR
HERRN
PFARRER

19

Man kommt aus den Aufregungen nicht mehr heraus. Der Herr Pfarrer hat zwar gar nicht daran gedacht, meine friedliche Existenz zum Thema einer unfriedfertigen Predigt zu machen. Den Kuchen hätten wir also selbst vertilgen können. Aber mit dem alten Wuff hat's wieder Ärger gegeben.

Putzi, der Naturhund, hat auf seine Morgenstreife im Dreieichwald nicht verzichten wollen, obwohl mein Namensvetter über uns seit zwei

Tagen sämtliche Wolken auslaufen läßt und man aus jedem Gebüsch als naßsträhnige Ratte herauskommt.
Am Anfang hab' ich versucht, Herrchen auf die Nachteile von Pfützenwanderungen hinzuweisen. Aber meine zarten Andeutungen wurden brutal zerfetzt. „Natur ist Natur, egal ob naß oder trocken", sagte Herrchen und nannte mich eine Memme. Seitdem halte ich die Schnauze, wenn er spazierverrückt spielt und mache gute Miene zum feuchten Spiel, selbst wenn es mir gegen den Strich geht. Denn ein Rauhhaardackel ist zwar kein Fisch, aber auch keine Memme.
So liefen wir also auch diesmal durch den Naßwald, Putzi ständig einen Schritt voraus, ich mit angezogener Handbremse hinterher. Er sollte ja nicht denken, daß er mich überzeugt hatte. Hin und wieder widmete ich meine Aufmerksamkeit einem Stück Holz am Wegrand, gab es aber bald auf. Bei dieser Pansche war von Has' und Reh und Fuchs und Dachs rein gar nichts aufzuspüren. Nur ein paar glitschige Regenwürmer und schleimige Schnecken kamen mir vor die Nase.
Am Wegkreuz in der Lärchenschonung knallte es uns um die Ohren. Putzi blieb erschrocken stehen, und ich meldete erst mal unser Dasein an. Gleich darauf zischte es wieder. Dann brachen zwei Langohren aus dem Gehölz. Unter anderem Vorzeichen hätte ich mich für sie interessiert. Aber jetzt war sowieso nichts zu machen, denn Herr-

chen hatte mich an der Leine. Außerdem regte mich das Gewehrgekrache mehr auf. Man war ja hier seines Lebens nicht sicher.
„Verdammt noch mal! Schießt doch nicht wild herum! Merkt ihr denn nicht, daß Leute kommen!“ brüllte Putzi in die Gegend. Die Knallerei hörte auf. Von irgendwo her brüllte eine Zweibeinerstimme zurück. Und ein Bello, der ein Mikrofon vor der Schnauze haben mußte, machte sich wichtig.
„Dummes Volk“, schimpfte Putzi und schlug eine andere Richtung ein — quer zwischen den hochstämmigen Fichten hindurch, so daß ich Mühe hatte, mitzukommen und wie ein Känguruh über die stacheligen Brombeersträucher hüpfen mußte, die überall herumwucherten.
Wir kamen aber nicht weit.
Zwischen den Bäumen tauchten zwei Kerle mit dem Mikrofon-Bello auf. Dem Kollegen hing die Zunge auf Halbmast. Einer seiner beiden Begleiter war kurz und dick, wie ein Kürbis mit Beinen, grün dekoriert, mit Fernglas und Gewehr garniert und hatte am oberen Ende einen Gamsbart-Hut. Er schnaufte wie eine Luftpumpe und war sichtlich außer Form. Ein richtiger Sonntagsjäger.
Den anderen erkannte ich schon von weitem gegen den Wind an seinem Rübezahlbart. Es war das Individuum, das mich einen instinktlosen Stadtköter genannt und mir das bißchen Käse

mißgönnt hatte. Wuff, der Förster, warf die langen Pfoten vor sich her und wollte uns wohl den Weg abschneiden.

„Heda!“ rief Wuff, was reine Kraftverschwendung war, denn auf derartige Anpöbeleien reagieren wir schon gar nicht.

„Bleiben Sie stehen!“ forderte der Knallbart.

„Ich denke überhaupt nicht dran“, antwortete Putzi in meinem Sinne und marschierte weiter. Schließlich erreichten sie uns aber doch, denn Herrchen liebt den Waldspaziergang und nicht den Waldlauf.

„Was tun Sie hier?“ fragte der alte Wuff. Das war das letzte, was ich vorerst von ihm hörte. Denn auf diese Frage hin muß bei Putzi irgend etwas geplatzt sein. In den nächsten paar Minuten kam Rübezahl nicht mehr zu Wort. Der Sonntagsjäger vergaß vor Staunen zu schnaufen, und der Mikrofon-Bello zog den Schwanz zwischen die Hinterpfoten und versteckte sich hinter seinem Würstchengeber. Ich selbst begnügte mich damit, Herrchens Rede durch hintergründiges Grollen stimmungsvoll zu untermalen.

Er hätte das Recht, dafür zu sorgen, daß kein Unbefugter im Wald Schaden anrichte, verteidigte sich Wuff kleinlaut. Es seien in letzter Zeit Wilddiebereien vorgekommenn, und Herrchen hätte nichts zu suchen abseits der Wege — schon gar nicht mit einem Hund, der zu einer reinen Jagdrasse gehöre.

Putzi kochte regelrecht über. „Wenn Sie schon aus Jux und Tollerei das Totschießen von unschuldigen Tieren zum Sport wählen und dabei ohne Rücksicht auf Spaziergänger den Wald unsicher machen, wenn Sie mich also zwingen, einen Bogen um Ihren Schießplatz zu schlagen, dann ist es doch wohl ein schlechter Witz, auch noch zu fragen, warum ich Ihnen aus dem Wege gehe."

Er schieße nicht aus Jux und Tollerei, erklärte der Mensch. Sein Begleiter sei der Jagdpächter, und überhaupt schössen sie nur überzähliges oder krankes Wild.

Wo der Unterschied im Effekt sei, biß Putzi zurück. Ob mit oder ohne Papier, totschießen sei totschießen. Ob sie die Hasen denn vorher untersuchten, um festzustellen, daß sie krank seien? Und ob man dazu ausgerechnet den Sonntagmorgen aussuchen müsse? Da gäbe es doch gewiß friedlichere Vergnügen.

Mit dieser Einstellung verrate er völlige Unkenntnis, erklärte der Waldmeister. Hunderttausende in aller Welt seien anderer Meinung, und sogar der Herr Bundestagspräsident schieße in Afrika.

Was der Herr Bundestagspräsident in Afrika tue, interessiere ihn überhaupt nicht, sagte Putzi. Und wenn Tausende ihre Schießwut mit edlen Motiven ummäntelten, so ändere das nicht das geringste an seiner ablehnenden Meinung.

Das alles ginge uns einen Schmutz an, regte sich der grüne Kürbis auf.

„Ich habe Sie um Ihre Meinung nicht gefragt", giftete Herrchen zurück. Der Kürbis verfärbte sich rot.

Im übrigen sei dieses Gespräch sowieso ohne jeden Nutzen, entschied Putzi. Er wünsche weiterzuspazieren. Damit ließ er die Drei stehen wie begossene Pudel. Ich folgte ihm mit stolzgeschwellter Brust. Putzi ist der stärkste Hund, den ich kenne.

20

„Komm, Petrus, Gaßchen gehen“, sagte Herrchen. Womit er aber keineswegs die engen Pflaster-Pfade vom alten Dreieichenhain im Sinn hatte, in denen man von neurotischen Einheimischen als unerwünschter Ausländer beschnauzt wird. ‚Gaßchen‘ gehen, das bedeutete auch keinen Schnuppermarsch durch wirkliche Gassen zu den Bremer Stadtmusikanten-Plätzen, den Katzenwinkeln, in denen man zum Asthmatiker wird vor lauter Miezenstunk. ‚Gaßchen‘ gehen, das heißt: Bewegungstherapie über Hasenfeld und Mauswiese, im Eichhörnchenwald und auf Rehlichtungen, auf denen man nicht mehr Hund und Herr ist sondern eine Einheit von sechs Beinen, einem Herz und einer Seele.

Es hat keinen Zweck, den Zweibeinern beibringen zu wollen, die Dinge beim richtigen Namen zu nennen. Ein Hundeleben reicht dazu nicht aus. Sie halten stur an ihren alten Begriffen fest. Ich hab' noch keinen ‚Wieschen'- oder ‚Feldchen' gehen sagen gehört. Sind wir also auch diesmal wieder ‚Gaßchen' gegangen. Zum ersten Mal übrigens mit der lieben Edith. Und zum ersten Mal mit Susi, die nach ihrer Meinung nicht gefragt wurde — glücklicherweise.

Um zur Natur-Promenade zu kommen, wo sich ein gepflegter Hund mit ungebrochenem Instinkt standesgemäß ergehen kann, mußten wir ein Stück über heißen Asphalt latschen. Den Asphalt haben sie zwischen die Luxus-Hütten eines Hügels eingebrannt, den sie den Millionenhügel nennen, weil da alles so teuer ist und nur die ganz feinen Leute dort wohnen können. Ganz feine Leute, das sind zum Beispiel Fleischer, Schrotthändler, Werbeartikel-Fabrikanten und Bauern, die auf ihren Rübenäckern plötzlich Zweibeiner-Hütten ernten.

Bis heute haben mir die ganzen feinen Hunde dort leid getan. Wenn die raus wollen, verstauchen sie sich bloß die Pfoten, und wenn sie sich ausruhen wollen auf der Straße, verbrennen sie sich den Wanst. Es geht doch nichts über Sand- und Lehmwege in normalen Neubaugebieten mit chronischer Betriebsmittelknappheit — wenigstens solange es nicht regnet.

Von heute an ist mir's aber so egal wie Wurst aus Pappe. Sollen die sich verstauchen und verbrennen. Ist nicht schade um sie. Der Luxus hat nicht nur ihre Füße, sondern auch ihren Charakter verdorben.

Mitten auf dieser Folterbahn mit Luxus vorn und Luxus hinten signalisierte mein Instinkt höchste Alarmstufe. Ich hatte noch nicht mobilgemacht, da fegte schon eine schwarzbraun gefleckte Bulldogge, Marke Giftzahn, um die nächste Ecke.

Herrchen und Edith hatten das Biest nicht rechtzeitig gerochen. Sonst hätten wir uns wahrscheinlich verdrückt. Vorsicht ist ja bekanntlich der bessere Teil der Tapferkeit.

Der Giftzahn raste wie eine geschwollene Harpune auf mich zu. Sein oder Nichtsein, das war hier die Frage. Meine Chancen standen 1:10, meine zehn Pfund gegen die anbrausenden hundert. Fortwetzen half auch nicht. Der Kerl mit seinen langen Haxen war auf jeden Fall schneller. Herrchen stellte sich dem Biest in letzter Sekunde in die Bahn. Der Giftzahn hatte soviel Fahrt, daß seine Bremsverzögerung nicht mehr ausreichte und er in Putzis Fahrgestell hineinknallte — was ihm eine Stiefelspitze in die Flanke trieb. Jeder vernünftige Bello hätte daraufhin den Schwanz eingezogen. Der Giftzahn dachte gar nicht daran. Er kapierte auch nicht, daß er es mit Herrchen zu tun hatte und ich eigentlich nur eine untergeordnete Rolle spielte.

Während er einen Bogen schlug, um mich von der ungedeckten Seite her zu schnappen, machte mich Putzi zum Hubschrauber. Er nahm mich auf die Arme und hielt mich hoch. Was nach meinem Dafürhalten ein Fehler war. Denn dadurch war mein Beschützer nur noch bedingt abwehrbereit. Und das hätte ihm ins Fleisch gehen können. Zum Glück war der riesige Behälter nur mit einem Minimum an Intelligenz ausgestattet. Blindwütig versuchte er auch weiterhin, an mich heranzukommen. Dabei sprang er nach mir wie nach einer Wurst und kriegte mich doch nicht zu fassen. Seine ständigen Attacken und Putzis Reaktion führten dazu, daß wir uns wie ein Kettenkarussell im Kreis drehten. Das ging eine kleine Ewigkeit so weiter. Dann flog dem Biest ein fester Gegenstand ins Kreuz, der sich nachher als ein von Edith geschleuderter Backstein erwies. Diese Entlastungsoffensive entschied das Gefecht. Der gefleckte Mammuthund trat den Rückzug an — laut winselnd, weil der Stein offensichtlich für seine Rippen zu hart war.

„Danke, das war Hilfe zur rechten Zeit", sagte mein Leit- und Schutzhund anschließend zu Edith,

und er leckte ihr die Hand, wie das sonst nur die besseren Zweibeiner bei festlichen Gelegenheiten tun. „Aber morgen kaufe ich eine Peitsche."
Susi hatten wir über den Zwischenfall völlig vergessen. Erst als wir leicht angeschwitzt weiterzogen, tauchte sie hinter einem Gebüsch auf und

gesellte sich, harmlos tuend, wieder zu uns. Das feige Stück hatte den anderen meine Verteidigung überlassen. Na ja, was kann man schon von jemandem erwarten, der nicht einmal das Format hat, in mir einen attraktiven Bewerber zu sehen. Ich habe mich dafür revanchiert, indem ich ihrem Frauchen so die Kur machte, daß Susi vor Eifersucht beinahe geplatzt wäre.

Von dem getürmten Höllenhund war partout nichts mehr zu sehen. Den schien die Erde verschlungen zu haben. Nur einmal witterte ich ihn noch — vor einem niedrigen Zaun. Und wenn mich mein überspitzter Scharfsinn nicht trog, schnupperte ein Zweifüßler vorsichtig hinter einem Glasloch der dazugehörigen Luxus-Hütte hervor, als wir vorübergingen. Ich stellte mich hin und markierte den Torpfosten mit meiner Verachtung. Drinnen rührte sich nichts. Denen war wohl die Luft weggeblieben und der Mumm. Wundert mich nicht. Wie's Gescherr, so der Herr, hab' ich mir von einem intimen Kenner des Zweibeiner-Wesens flüstern lassen.

21

Was ist eine Party? Eine Party ist eine Zusammenkunft mehrerer oder vieler Zweifüßler auf relativ engem Raum zum Zwecke des gegenseitigen Beschnüffelns. Zu einer richtigen Party kommt man auf weniger Beinen als man zum Verlassen derselben benötigt.
Was ist ein gefüllter Dackel? Ein gefüllter Dakkel ist zunächst einmal ein Hund. Darüber hinaus aber ist er ein besonderer Hund. Einer, der aktiv an einer Party teilgenommen und dort so-

viel Stimmungsschlürfe inhaliert hat, daß seine fünf Beine nicht mehr ausreichen, um zu verduften, weil sie mit Gummibändern zusammengebunden sind, der ganze Hund mit nassem Sand gefüllt ist und der Kopf an dem Viech Ähnlichkeit mit einem Summkreisel besitzt.

Da kommen also einige schnüffelfreudige Exemplare mit erwartungsvollen Schnauzen zur Party. Die Spannung wird dadurch gesteigert, daß sich ein paar von ihnen noch nicht berochen haben. Die Hoffnung, daß sie sich riechen können, hat dem Gastgeber den Mut zu einer solchen Einladung gegeben.

Die fremden Zweifüßler stehen zunächst in der Gegend herum und halten sich an einem Glas mit Stimmungsschlürfe fest. Das gibt ihnen Halt. Wenn das Glas leer ist, gießen sie sich von neuem ein. Nach dem zweiten Glas entkrampfen sie sich. Teilweise setzen sie sich und schlagen die Pfoten übereinander. Zwischendurch futtern sie Dinge, die dem unterm Tisch kauernden Vierbeiner Appetitspfützen vor die Nase fließen lassen. Wenn eine gewisse Zeit vergangen ist, verlieren die Zweibeiner ihre anfängliche Zurückhaltung vollends. Dann sitzen und liegen sie herum und bellen laut und fröhlich. Und wenn der anwesende Hund ein guter Psychologe ist, wird er jetzt viel gestreichelt, bekommt Schinken, Lachs, Aal und Cervelatwurst und dazu ein Glas Stimmungsschlürfe.

Manche Hunde sind Abstinenzler. Das sind die Unwissenden. Sie haben sich von generationenalten Vorurteilen noch nicht freigemacht und verharren in antiquierter Ablehnung. Ein intelligenter Hund aber geht mit der Zeit. Aus einem Glas zu schlecken ist gar nicht schwierig, wenn man erst mal am Zuge ist. Stellt man sich geschickt an, dann merkt der Hausherr nichts davon. Sonst könnte er in einer Anwandlung von Rückständigkeit Bedenken äußern.

Nach dem dritten Glas fängt man an, die fremden Zweibeiner zu lieben, die Geschmack daran gefunden haben, einem fortschrittlichen Hund zu den Köstlichkeiten dieses Lebens zu verhelfen. Besonders wenn sie erkennen, daß man weiß, was sich gehört und keinen Tropfen auf dem Boden umkommen läßt.

Besitzt man Charme und ist nicht zu groß, kann man auf den Schoß eines anderen Party-Teilnehmers klettern und mit ihm aus einem Glas trinken. Man muß sich allerdings einen Partner suchen, der nicht raucht, weil Rauchergläser nach alten Katzen möpseln. Außerdem muß man sehr aufpassen, daß man die leergeschlürften Gläser genau zählt. Nach dem vierten Glas muß man sich weise bescheiden, weil man sonst seine Erziehung vergißt und die freundlichen Leute naß macht.

Schließlich wird die Lage sowieso brenzlig, denn die Zweibeiner erheben sich und trampeln in

Gruppen im Zimmer herum, wobei der Kasten in der Ecke einen Heidenspektakel macht. Man zieht sich dann schleunigst unter den Tisch zurück, wobei man entdeckt, daß man nicht mehr allein ist. Eines der fremden Zweibeiner liegt dort herum und schnarcht.
Man schüttelt sich erst mal ausgiebig die Krümel aus dem Fell und legt sich dann ebenfalls zur Ruhe — hinter das Tischbein, weil man hier am sichersten vor torkelnden Pfoten ist. Aber dann kommt das dicke Ende. Wenn man so daliegt und die Augen schließen will, ist man plötzlich ein gefüllter Dackel. Und man beschließt auf alle Seligkeit zu verzichten und ein rückständiger Hund zu bleiben, der kühles, klares Wasser liebt und sonntags seinen Schoppen entrahmter Wochenendfrischmilch hinter die Gurgel schlürft.
Die Party, von der hier die Rede ist, hat Putzi gegeben. Der gefüllte Dackel war ich — gestern. Daß ich heute wieder topfit bin, verdanke ich allein meiner Fähigkeit, die Füllung vorzeitig loszuwerden — wenn auch durch den verkehrten Ausgang. Die Überreste meiner Seligkeit hat die liebe Omi sozusagen weggescheuert. Frei von unnötigem Ballast stehe ich wieder auf vier Beinen. In einer ernsten Welt.

22

Katastrophen haben die unangenehme Eigenschaft, sich vorher nicht anzukündigen, behaupten die Zweibeiner. Unsereiner ist da anderer Meinung. Unser Instinkt ist nicht so verkümmert wie derjenige unserer degenerierten Herrschaften. Im vorliegenden Fall gab's außerdem eine Menge Mißlichkeiten, die mich beunruhigten und dazu angetan waren, einer sensiblen Natur das Futter unter dem Mantel in eine völlig undackelige Gänsehaut zu verwandeln.

Am Morgen machte ich die deprimierende Entdeckung, daß so ein vierbeiniger, schnurrbärtiger Landstreicher in der Nacht meine eiserne Wurstration unter der Tanne geklaut hatte. Ich kann mir zwar schon denken, wer der Asoziale ist, der sich an meinem Eigentum vergriffen hat. Aber deshalb kriege ich die Wurst doch nicht wieder. Die dünstet längst als Katzendreck in Nachbars Garten.

Als ich meine Enttäuschung ertränken wollte, ignorierte Omi meine Existenz und trat genau dorthin, wo ich mich gerade vollaufen ließ. Und das nur, weil sie wieder mal ihre Glasaugen nicht im Gesicht hatte. Ich werde eine weniger gefährdete Stelle für meinen Napf beantragen. Hoffentlich sind die anderen so gut und begreifen es. Manchmal finde ich bedenkliche Anzeichen von Analphabetentum bei ihnen.

Gegen Mittag war ich gerade dabei, ein saftiges Stück Fuchs zu jagen. Da muß wieder mal einer von den großen Silbervögeln, mit denen die Zweifüßler ihren Größenwahn beflügeln, ausgerechnet über uns die Schallmauer durchbrochen haben. Was dazu führte, daß ein Fenster unserer Hütte zerknallte, Omi einen hysterischen Schrei ausstieß und ich aus allen Träumen gerissen wurde, kurz bevor ich den Fuchs erreicht hatte.

Wir waren noch beim Erholen, da passierte es. Eines von diesen Rollomobilen raste vorüber, bremste plötzlich, daß die halbe Straße als Staub-

wolke in die Luft flog. Ein artgenössischer Schmerzensruf, ein erneuter Anfall Omi'scher Hysterie. Ich flitzte ans Gartentor, von wo aus ich gerade noch Susi jammernd auf Edith zulahmen sah. Die zweibeinige Wildsau hatte mit ihrem kopfgesteuerten Mordinstrument das arme Ding angefahren. „Er ist mir direkt in den Wagen gelaufen", verteidigte sich der Bursche sofort.
Wie alle echten Zweibeiner schob er zunächst einmal die Schuld an dem Malheur den anderen zu. Im übrigen war er so verdattert, daß er sein Opfer für einen Rüden hielt. Die Nebensächlichkeit seines Irrtums hielt mich davon ab, ihn aufzuklären.
Die ersten Zuschauer eilten herbei. „Das kommt davon, daß hier jeder seinen Köter frei herumstromern läßt", quakte einer. Natürlich die fiese Oberwühlmaus. Wer sollte es auch sonst schon sein. Bei Gelegenheit braucht der Kerl ja doch mal eine neue Hose. Mensch, hau bloß ab! Baue weiter, damit deine Ruine endlich wie 'ne richtige Hütte aussieht und man sich seiner Nachbarschaft nicht mehr zu schämen braucht.
Edith blieb ganz ruhig. Sie hielt die piepsende Susi auf dem Arm und redete ihr gut zu. Mittlerweile fanden sich immer mehr Zweifüßler ein. Ich hatte gar nicht gewußt, wie viele davon in unserer Gegend hausen. Es war genauso wie neulich mit dem Pflaumenkuchen im Garten: mit einem Mal war alles voller Wespen.

Nur Putzi fehlte — wie so oft, wenn man ihn dringend braucht. Und Steffi war in der Schule. Aber die hätte sowieso nicht helfen können.

Es dauerte eine Weile, dann heulte ein anderes Rollomobil mit bunten Lampen heran. Der Inhalt bestand aus völlig gleich aussehenden, wenn auch unterschiedlich riechenden Kontroll-Zweibeinern, die mit vielen Verrenkungen und noch mehr Schreiberei aus dem privaten Unglücksfall einen staatlichen Akt machten. Weil schließlich alles in der menschlichen Gesellschaft seine katalogisierte Ordnung haben muß.

Viel wichtiger war, daß bald darauf Doktor Schwarz erschien. Doktor Schwarz lebt davon, daß er in unserer Gegend tote Schweine und Ochsen auf Trichinen und anderes Ungeziefer untersucht und darüber entscheidet, ob die Zweibeiner das Fleisch essen dürfen. Deshalb nennt er sich auch Fleischbeschauer. Nebenbei und für dieses Mal hauptsächlich kümmert er sich um kranke Hunde, Katzen, Kanarienvögel und Meerschweinchen. Wovon allein er vermutlich nicht leben könnte, weil solcherlei Patienten grundsätzlich in keiner Krankenkasse sind und von den sparsamen Dreieichenhainern nur in Fällen höchster Not einer (honorarpflichtigen) Fürsorge ausgesetzt werden.

Doktor Schwarz verschwand mit Edith und Susi im Haus. Die Polizei klappte die Notizbücher zu und fuhr davon. Die Wildsau setzte sich in

ihr Mordinstrument, eine von den Uniform-Figuren neben sie und entstaubte. Die Statisten verliefen sich. Die Oberwühlmaus kletterte wieder in ihre Höhle. Die Sensation war vorbei.
Zurück blieb ein kleiner trauriger Hund, der auf Edith und Doktor Schwarz wartete, um sich bei ihnen zu erkundigen, wie es Susi gehe. Der auf seine stumme Frage eine ausweichende Antwort erhielt. Und der endlich am Abend, als Putzi nach Hause gekommen war und mit Edith gesprochen hatte, die Erkenntnis gewann, daß er wohl nie erfahren wird, ob er eines Tages nicht vielleicht doch noch Susis Sympathie gewonnen hätte.

23

Man hat's nicht leicht als Vierständer, der an eine Zivilisation gebunden ist, in der alles, was Rang und Namen hat, auf zwei Beinen daherkommt. Mopsdoggenspitzsapperlot. Wir sind so fest am Gängelband, daß es mich nicht verwunderte, wenn wir eines Tages wie Herrchen und Frauchen die Hinterpfoten in lederne Etuis steckten und mit den Vorderhaxen in die Luft gingen.
Wir sind schon so sehr angekränkelt, daß wir uns in vielem von unseren Napffüllern gar nicht

mehr unterscheiden. Was wir haben wollen, das kriegen wir nicht. Und was wir kriegen können, das wollen wir nicht. Für mich wäre Susi die Erfüllung meiner Träume gewesen. Sie aber hielt mich nicht für satisfaktionsfähig. Flotti dagegen wirft mir feurige Blicke zu. Und sie wiederum ist so gar nicht mein Format.

Flotti ist ein Windspiel vom Millionenhügel. Sie hat die Größe eines Aussichtsturmes. Im Gedränge läßt sich's gut unter ihr herlatschen, man entgeht dabei jeder Anrempelei. Allein ihr Wedel genügte, um einen ausgewachsenen Rauhhaardakkel darunter zu ersticken. Und in ihre Gartenhütte geht unser ganzes Einfamilienhaus rein. Sie ist wirklich tiefblaue Aristokratie — aber leider nicht mein Halsbandweite.

Ich begegne Flotti neuerdings öfters. Wenn ich meine Individualistenpfade dahindackele, paßt sie mich ab. Sie überspringt einfach die ihr gezogenen Grenzen, was bei ihrem hohen Wasserfall kein Problem ist und rückt mir auf's Fell. Ich hab ihr klarzumachen versucht, daß es keinen Sinn hat mit uns beiden. Aber Liebe macht ja bekanntlich nicht nur Zweifüßler blind.

Als ich heute wieder mal so intensiv vor mich hintrieb und über die soziale Besserstellung kinderreicher Hundeeltern grübelte, rauschte es seitwärts im Gebüsch, und Flotti tänzelte in der Manier einer erfolggewohnten Lipizzanerstute in meine Laufbahn.

Notgedrungen — und ein ganz klein wenig geschmeichelt — ließ ich ihre Begrüßung über mich ergehen. Man weiß ja auch, wie man sich auf höhere Damen einzustellen hat. Wir beschnauzten uns also. Das heißt, wir tauschten ein paar Atemstöße aus. Worauf sie heftig nießen mußte. Vor Aufregung, wie mir schien.

Wohl um mir ihr uneingeschränktes Vertrauen zu beweisen, schob sie sich dann liebevoll an mich heran und betätigte ungeniert ihren Wasserfall. Lediglich meiner Geistesgegenwart habe ich es zu verdanken, daß ich noch rechtzeitig mit trockener Haut davonkam.

Als gutmütiger Dackel ließ ich mich anschließend herbei, mich an derselben Stelle zu ergehen. Was sie sichtbar als intimen Fortschritt deutete. Ungeduldig wartete sie darauf, daß ich den Platz räumte, trat von neuem heran und entpumpte sich weiter. Ich benutzte die Gelegenheit und wollte mich verdrücken. Doch sie ließ mich nicht entkommen.

Unter einem Baum fing Flotti an, total verrückt zu spielen. Ihr Fell sträubte sich, die Vorderständer legte sie flach auf die Erde und stemmte die Hinterläufe steif von sich. Dazu wedelte sie Windstärke sieben, winselte, knurrte und bellte abwechselnd und benahm sich auch sonst ziemlich undamenhaft.

Und das alles wegen einer stachelborstigen, katzenkopfgroßen grauen Kugel, die zwar nach

Wild roch, aber gänzlich ungenießbar war. Kein passionierter Jagdhund verschwendet an so was seine Zeit. Na, von dekadenten Salonbellas kann man wohl diese Einsicht nicht erwarten.

Ich besah mir den belagerten Gegenstand im hohen Gras — und warnte Flotti vor Attacken. Natürlich vergebens! Sie wußte es besser. Prompt holte sie sich eine blutende Nase.

„Gib's auf, dem Nadelkissen kommst du ja doch nicht bei", riet ich nochmals dringend.

„Ist kein Nadelkissen, ist ein Igel", quietschte die törichte Dame ohne Verständnis für die Feinheiten einer bildhaften Sprache und versuchte ihr Glück mit der Pfote. Es gelang ihr auch, die Kugel zu drehen. Aber damit kam sie keinen Nadelkopf näher an den weichen Kern der Sache heran. Mecki blieb stur zusammengerollt. Und auch als Flotti es schaffte, ihn einen Abhang hinunterzuschubsen, entigelte er sich kein bißchen.

Mir war die Angelegenheit ausgesprochen peinlich. Leben und leben lassen, das war schon immer meine Parole. Was sollte der Kleine von unsereinem denken. Man kommt da in einen schlechten Ruf, für den man gar nichts kann. Es gibt eben immer wieder neue Ungelegenheiten mit dem weiblichen Geschlecht. Ein Glück, daß Mekki schließlich in den Brennesseln landete. Dem machte das Gemüse nichts aus, weil er mit seinem unempfindlichen Panzer zwischen den widerhakigen Blättern hindurch neben die harmlosen Sten-

gel fiel. Aber Flotti verwechselte das grüne Zeug mit Spinat, und weil sie von oben ran mußte, verbrannte sie sich die vorwitzige Schnauze.
Leider kam ich nicht zum Freuen. Denn im selben Moment raste das fleckige Scheusal auf mich zu, der Bullbeißer, der Giftköter, dem ich schon mal nur mit knapper Not entronnen bin mit Hilfe von Putzis Schuhspitze und Ediths katapultiertem Backstein. Ich fühlte mich augenblicklich wie eine Raketenzielscheibe kurz vor dem Volltreffer.
Solche Überraschungen sind was für hartleibige Pinscher. Todesangst soll ja die Verdauung fördern. Mein Stoffwechsel hat solche Spritzen nicht nötig. Ich kann auf sie verzichten.
Da geschah das Wunder. Der Raketenhund sah Flotti, die, sich die malträtierte Nase reibend, den Hang hochtrabte. Er bremste, bog ab, tat so, als ob ich plötzlich Luft sei und baute sich vor der Kollegin aus der gehobenen Gesellschaft auf.
Während er Flottis braunen Hals mit seinem Speichel garnierte, der ihm in zähen Fäden aus den Lefzen lief, verließ ich mit der mir eigenen Bescheidenheit die Arena. Im Herzen nur den einen Wunsch, daß sich die feurige Dame nicht dazu hinreißen lassen möge, mich ihm als Rivalen darzustellen.

24

Rings um uns herum wimmelt es von zweibeinigen Wühlern. Dreieichenhain ist eine Siedlung von aufgeblasenen Erdhörnchen geworden. Wo man noch gestern ungestört seinen inneren Hund säubern konnte, liegen heute Berge von Hohlblocksteinen, die unbesteigbar sind von wegen ihrer Spalten, in denen man steckenbleibt und sich dreht wie eine Spieldosenfigur.

Bald werden wir eingekreist sein. Wenn ich daran denke, wie schön es hier einmal war! Verschüttetes Paradies. Keine Spur mehr von Natur. Und ich in unserer Kante noch das einzige natürliche Lebewesen — denn die paar streunenden Katzen und streitsüchtigen Spatzen zählen ja nicht. Es ist zum Auswandern.

Edith will keinen neuen Dackel. Sie betrauert Susi und liebt mich Überbleibsel um so inniger. „Kauf' dir doch einen anderen, so kommst du leichter drüber weg", hat Putzi pietätlos geraten. Aber Edith hat eben mehr Geschmack. „Ein Hund ist doch kein Regenschirm, den man einfach durch einen neuen ersetzt, wenn der alte kaputtgeht." Ganz meine Meinung.

Wir haben jetzt auch vorn Nachbarn. Nur hinten raus zum Hengstbach, den die sprachschöpferischen Eingeborenen ‚die Bach' nennen, sind wir noch nicht zugebaut. Die neuen Zweibeiner heißen Spindwucht. Steffi, der es noch an der nötigen sittlichen Reife fehlt, sagt ‚Schwindsucht'. Was in meinen Augen eine Taktlosigkeit ist, denn die Leute sehen wirklich aus wie eingefallener Käse. Offenbar haben sie sich beim Bauen übernommen. Außerdem hat Frau Spindwucht drei Junge gekriegt — eins am Anfang und zwei am Ende des Jahres. Und das hält ja nicht mal ein Hund aus.

Sonst läßt sich nicht viel über Spindwuchts sagen. Das Dach über ihrer Hütte ist aus Wellblech, die Haustür aus Brettern, im Vorgarten haben sie Kartoffeln gesteckt und mit Kohl eingefaßt, denn es sind ordentliche Leute. Aus ihrem Keller riecht es nach selbstgekelterter Stimmungsschlürfe. Äpfel wachsen frei auf den Feldern von Dreieichenhain und sind darum billig. Manchmal sitzen Spindwuchts im Garten inmitten ihrer quäkenden Jungen, unter sich die Erdknollen, umrahmt von ihren Kohlköpfen und verständigen sich in ihrem Eingeborenen-Dialekt, den ich nicht verstehe.

Nur wenn Frau Spindwucht Omi über die Straße hinweg — die gar keine Straße ist — anpalavert, kramt sie in ihrem schwindsüchtigen hochdeutschen Vokabular das Verwertbare zusammen.

„Unserer Nachbarsfraa täte ihrn dote Hund leid, gelle, gell?“ krächzte sie gestern herüber, als Omi Wasser an unsere Bäume goß, damit wenigstens die grün bleiben.

„Ist ja auch traurig, nicht wahr?“ bestätigte Omi.

„Ei, worum dann?“ meinte Frau Spindwucht und legte den Kopf schief wie eine von ihren Hennen. „Des war doch nur en Hund gewese, da braucht mer doch net so e Geschiß zu machen.“ Und dabei hißte sie die Lappen, die ihr undichter Wurf sonst zwischen den Beinen hat, damit er die gute Stube nicht voll macht, an der Wäscheleine.

„Sie wird wissen, was sie an dem Tier gehabt hat“, gab Omi zur Antwort. „Ich wollte früher auch keinen, und heute kann ich mir das Leben ohne Petrus gar nicht mehr vorstellen.“

Gute Omi, dafür kriegst du die geklaute Wurst zurück, nahm ich mir vor.
„Petrus? Wie kann mer bloß ein solche Hund so nenne“, hochwelschte die andere. „Und ieberhaupt, ich han nix übrig für so Kötern.“
Die ‚Kötern‘ hab’ ich ihr heimgezahlt. Die spindwuchtigen Federviecher schaben gewöhnlich auf der Straße herum (die keine Straße ist). Dabei schlüpfen sie durch die Lücke in unserem Zaun auf meine Hoheitswiese.
Diesmal paßte ich auf. Nachdem die Schrägköpfige ihre Windeln allein gelassen hatte und verschwunden war, schnitt ich zwei von ihren schieläugigen Eierlegern den Rückzug ab. Als die kapierten, was los war, machten sie in Panik, rasten kreischend quer durch mein Revier, prallten gegen den Zaun, und eins davon blieb mit dem Kopf zwischen den Maschen stecken. Der Rest war Schneefall im Sommer.
Leider machte das Biest einen solchen Lärm, daß seine Eierabnehmerin es durch die dünnen Wände ihres Sozialbaues hörte, herausstürzte, die Bescherung erkannte und ihrem gerupften Eigentum zu Hilfe eilte. Daß dabei ihre mühsam aufgerichtete hochdeutsche Fassade einstürzte und ihrem chromatischen Originalgebell freien Lauf ließ, irritierte mich weniger als daß sie anschließend laut weinend zu Omi lief, wie eine Irrsinnige lamentierte und Geld verlangte für den von mir angerichteten Schaden.

„Wor e ganz jung un forchbar deuer Hiehnche. Des hätt noch zwaahunnert Eier gelecht."
Omi bezahlte seufzend das Huhn. Auf eine Diskussion über die Eierpreise wollte sie sich indessen nicht einlassen.
Das besorgte am Abend Putzi. Als er von der Geschichte hörte, faßte er mich an meinen empfindlichen Ohren und hielt mir wieder mal eine Standpauke. Ich gab mir erst gar keine Mühe, ihm die Sache zu erklären. In solchen Fällen ist man am besten demütig und steckt ein.
Nachdem Putzi seiner Erziehungspflicht genügt hatte, machte er Stellungswechsel und holte bei Spindwuchts das Huhn aus dem Topf. „Weil es ja sowieso von uns bezahlt worden ist", wie er nach seiner Rückkehr erklärte.
Daß die Nachbarn den Vogel ohne Gegenwehr herausrückten, bestätigte meinen Eindruck: Zweifüßler sind nicht mit hungrigen Hunden zu vergleichen. Unsereiner gibt den Knochen, den er einmal hat, nicht so leicht wieder her.
Im übrigen hat Putzi anschließend das Loch im Zaun zugenagelt. Im Grunde ist er nämlich genau wie ich ein friedliebender Kerl.

25

Drei Zweibeiner und ein Rassehund ergeben noch lange keine komplette Familie. Gewedelt, gewufft und zugebellt, es müßte endlich 'ne richtige Frau ins Haus. Gestern war mein Haferschleim schon wieder angebrannt. Und Omi, die bis jetzt die Verantwortung hatte für mein körperliches Wohlbefinden, war auch noch beleidigt, als ich der Pansche nicht die Ehre antat, sie durch Einnahme zu veredeln.

„Du wirst auch immer schnäubiger", fuhr sie

mich an. „Früher hast du das gute Fresselchen so gern gehabt!“

Was heißt hier ‚früher‘ und ‚gutes Fresselchen‘? Früher hat Omi auch noch besser gesehen und angeschmorte Haferflockenklumpen nicht mit Gulasch verwechselt.

Ich gebe ja zu, daß ein Herrchen für jede ordentliche Hütte wichtig ist. In einem Haushalt mit lauter Zweibeiner-Weibchen wird selbst der majestätischste Dackel mit der Zeit zur deckchenverunzierten Reliquie ohne das charakteristische Fluidum einer ausgeprägten Persönlichkeit. Wo kein Herrchen ist, fehlen Pfeffer und Schnaps des Lebens — und meist auch das nötige Kleingeld für den von jedem intelligenten Hund angestrebten gehobenen Lebensstandard.

Aber wo kein richtiges Frauchen ist — eines, das nicht mehr nach Frühjahr und noch nicht nach Herbst riecht — sieht's anderweitig recht trüb aus. Sämtliche Omis und Steffis der Welt können aus einem halbwaisen Tierheimfindling auf die Dauer keinen restlos zufriedenen Familienhund machen, weil unsereiner immer nur einen Teil seiner Liebe loswerden kann. Von verschmortem Haferschleim ganz zu schweigen.

Ich weih' dem Heiligen Franz eine extra dicke Wurst. Mit solchen Halbheiten ist jetzt Schluß. Ich werde Omi noch mal so gern haben, wenn Edith unsere Fütterung übernimmt. Und dieses freudige Ereignis steht uns bevor. Denn Putzi hat heute den Kaufvertrag für Frauchen unterschrieben. Am Nachmittag haben sie geheiratet. Eine schnauzireiche Zeit bricht an.

Wir haben so gefeiert, daß uns die Augen und noch einiges andere überliefen. Vor allem Omi hat viel Wasser verloren. Sie sagte, weil sie dauernd an Steffis Mami denken mußte und daran, daß das arme Kind jetzt wieder eine Mutter bekäme. Ich hab' mir meinen Teil gedacht.

Von mir war überhaupt nicht die Rede. Macht nichts, sagte ich mir. Du profitierst sowieso davon. War ja dein Wille, daß es so gekommen ist. Dafür, daß der Plan mit Susi schiefging, kannst du schließlich nichts.

Den Kerl, der Susi auf dem Gewissen hat, haben sie bestraft. Er muß eine Buße zahlen an das Rote Kreuz, hat Edith Putzi erzählt. Hundertfünfzig Mark. Davon wird Susi auch nicht wieder lebendig. Und hundertfünfzig Mark sind nicht viel. Ein Leben ist nicht teuer, es gibt mehr als genug.

Jedenfalls gehöre ich ab sofort zur gehobenen Klasse. Mein Frauchen hat nicht nur das Auto sondern auch ihr Haus mit in unsere Ehe gebracht. Ein Hund mit zwei Häusern, das gibt es nicht mal auf dem Millionenhügel. Flotti wird staunen. Wenn die das erfährt, will sie mich gleich heiraten — wo die sowieso schon so narrisch ist nach mir.

Wir haben gut gelebt an diesem Tag. Ganz wie es sich für doppelte Hausbesitzer gehört. Ich hab' mich gefühlt wie in einer überfüllten Speisekammer. Der Überfluß war vollkommen. Und einmal hat Edith sogar mit mir getanzt.

„Mit dir tanz' ich am liebsten", hat sie mir ins Ohr geflüstert. Kein Wunder, ich bin ja auch sooo anschmiegsam. Ich hab' mich ganz einfach auf den Arm nehmen lassen, meinen Kopf auf Ediths Schulter gelegt, die Augen zugedrückt, mir den Duft von Frauchen um die Nase streichen lassen und bin mit ihr durch den siebenten Hundehimmel geschwebt.

„Seht euch bloß den raffinierten Hund an", hat jemand gesagt. „Der versteht's. Die Edith hat gleich zwei verliebte Männer geheiratet." Was naturgemäß Quatsch ist. Wenn man nach Besserem strebt, muß man darum ja nicht gleich vergessen, daß man — trotz aller Schwächen für das Menschliche — eben doch ein besserer Hund ist.

Herrchen ist dann richtig böse geworden. „Hast du eigentlich mich geheiratet oder den Petrus?" brummte er und lachte dabei.

Aber ich habe gleich bemerkt, daß sein Lachen nur Tarnung war. Die Zweibeiner können unsereinem schlecht was vormachen.

„Euch beide natürlich", hat Edith, meine geliebte Miteignerin, geantwortet, mich geküßt und hat sich weiter mit mir gedreht. Eine Bevorzugung, die mich nicht verwunderte.

Ich hab' sie beobachtet, während sie mit Herrchen tanzte. Er hat ihr mit seinen großen Haxen dauernd auf die Füße getreten.

Wenn ich über mein Schicksal nachdenke, fällt mir ein, daß ich eigentlich recht zufrieden sein kann. Ich hätte genauso in andere Hände fallen können, und ausrücken hilft auch nicht immer. Jetzt bin ich, Herrchens Petrus, sogar noch Ediths einziger Hund geworden.

Und ich will alles tun, um sie glücklich zu machen. Denn Zweibeiner-Frauchen brauchen unsere Liebe. Weil unsere Treue keinen Schwankungen unterliegt. Weil wir ausgeglichen sind und freundlich bleiben — auch in traurigen Stunden. Weil sie uns alles anvertrauen können, ohne daß wir sie verraten.

Leider begann der neue Abschnitt in meinem Leben mit einer herben Enttäuschung. Putzi hatte sich am Ende der Feier in Frauchens Haus zurückgezogen. Mir wurde aus dem besonderen Anlaß gestattet, die Nacht innerhalb der Putzischen Wände zu verbringen. Mein Fertigbau blieb leer. Und genau das führte zur Katastrophe.

In fortgeschrittener Stunde, als die Zweibeiner den Unterschied zwischen sich und mir nur noch undeutlich wahrnahmen, animierten sie mich zum ständigen Mithalten. Und weil man — wie inzwischen ja hinreichend bekannt — gutmütig ist und niemanden vor den Kopf stoßen will, ließ ich mich darauf ein. Das aber wurde mir zum Verhängnis. Buttercreme, Schlagsahne, Fischeier, Mayonnaise, Rostbeef und Ziegenkäse mögen sich ja gerade noch vertragen. Aber ich kriegte einen furchtbaren Brand darauf, der nach intensiver Löschung verlangte. Außerdem wollte einer von den Zweibeinern den anderen unbedingt beweisen, daß kluge Hunde auch aus Krügen trinken können. Und da mir das betreffende Zweibein besonders sympathisch war und ich nicht wollte, daß es seine Wette verlor und sich blamierte, soff ich den Krug halt leer.

Selbst das wäre meiner Meinung nach noch zu vertreten gewesen, denn es soll mehr Artgenossen geben, die regelmäßig am Tisch sitzen, mitessen und auch ihr Maß Bier dazu trinken. Ich hatte aber vorher von Steffi den Rest Milch gekriegt,

der von Omis Kuchenbacken übrig geblieben war. Und die muß sich mit dem Bier nicht einig geworden sein.
Mir wurde, als die Gäste fort waren und Omi und Steffi im ersten Stock schliefen, im Parterre hundeelend. Es war mir ausgebrochen peinlich. Aber bei einem ganz bestimmten Grad der Übelkeit vergißt man, daß man eigentlich ein stubenreiner Hund ist.
Und die beiden, mit denen ich in dieser Nacht das Dach teilte, hatten einen zu tiefen Schlaf.

26

Der Traum vom arrivierten Superhund war kurz. Mit der doppelten Hütte ist es nichts. Wir ziehen zu Edith — da ist mehr Platz — und verscheuern unsere Bude.

Seit ein paar Tagen mimt Putzi Makler. „So viel wie ich dabei verdiene, krieg' ich bei der Journallie im ganzen Jahr nicht zusammen", hat er behauptet und ausgerechnet, daß er für mein eingezäuntes Dackelland das Vierfache und für unsere gebrauchte Hütte fast das Doppelte rausholen kann. „Wenn wir den Richtigen finden, verdienen wir glatte Fünfzigtausend.“

Im Rechnen sind uns die Zweibeiner turmhoch überlegen. Selbst der Hund mit dem ausgeprägtesten Großhirn weiß klügstenfalls, daß zwei Futterschüsseln mehr sind als eine. Und bei dreien werden die meisten von uns schon nervös.

„Du bekommst doch keine Zweihunderttausend für das Ding“, zweifelte Edith. „Dazu ist es viel zu klein.“

„Abwarten“, schnauzte Herrchen. „Jeden Tag kommen zwei Dussel auf dem Frankfurter Hauptbahnhof an. Einen davon muß ich finden. Das andere ist eine Kleinigkeit.“

Verdackelt noch mal, die Zweibeiner haben vielleicht eine Moral! Ein Wunder, daß wir Vierfüßler bei diesem Umgang noch nicht kriminell geworden sind. Andererseits: fünfzigtausend Fleischportionen. Dafür könnte man schon mal schwach werden. —

Natürlich war auch die Fleisch-Inflation in meiner Phantasie reine Illusion. „Mit dem Profit lösen wir die Hypothek ab von deinem Haus“, bestimmte Herrchen. Ich weiß zwar nicht, was das ist. Aber soviel ist sicher: man kann es nicht fressen.

„Und wir fahren nach Italien“, schrie Steffi begeistert.

????

„Alle fahren jetzt nach Italien. Im letzten Sommer war ich die einzige in der Klasse, die dageblieben ist.“

„Blödsinn!“ bellte Putzi sie an. „Wenn wir wegfahren, dann tut's der Spessart auch. Da trifft man wenigstens keine Bekannten.“

„Ich werde überhaupt nicht mehr gefragt“, maulte Omi. „Ich bin wohl jetzt abgemeldet?“

„Hört auf, euch zu streiten“, vermittelte Edith. „Noch habt ihr das Haus ja nicht verkauft.“

Ich wuffte zustimmend. Hoffentlich fand Putzi keinen von den Dummen. Wenn es für mich von dem Geld doch nichts zu verdauen gab, war ich noch weniger am Verkauf interessiert.

In den nächsten Tagen ging's bei uns zu wie auf dem Marktplatz. Ich hab' nie geglaubt, daß es so viele unsympathische Zweifüßler gibt. Sie krochen aus ihren dicken Fahrmaschinen, stampften durch meinen Garten und durch Putzis Haus, steckten ihre Nasen überall rein, wo sie nichts zu suchen hatten, beschnupperten, betasteten, bebellten und taten schrecklich sachverständig.

Putzi machte seine Sache gut. Für meinen Geschmack zu gut. Mir war einfach unbegreiflich, daß nicht gleich das erste Zweibein das Haus kaufte. Als ich Putzi zuhörte, wurde mir erst so richtig klar, was für eine prima Hütte es ist. Was rede ich da! Keine Hütte, das schönste Haus weit und breit, ein Palast, den Herrchen aus purer Nächstenliebe herzugeben bereit war.

Der Meinung schienen sich auch die fremden Zweifüßler anzuschließen. Sie nickten zustimmend, fanden den Palast einmalig und den Preis spottbillig. Sie würden sich die Sache noch einmal überlegen, erklärten sie und zogen ab — und ließen nie wieder etwas von sich hören.

Ich begann aufzuatmen. Aber man soll sich eben nicht zu früh freuen. Prompt kriegt man wieder eins ins Genick. Als Putzi die Maklerei schon wieder aufgeben, den Preis auf Hundertfünfzigtausend herabpinschern und den Verkauf Profis übertragen wollte, erwischte er doch noch einen. Der verliebte sich in unsere Hütte und kaufte sie als Luxus-Villa — für Zweihunderttausend. Und er beeilte sich auch noch, weil er Angst hatte, ein anderer könnte ihm das günstige Objekt vor der Nase wegschnappen.

„Der muß meschugge sein", meinte Edith zu Putzi. „Und dich versteh' ich nicht. Das wird doch unser Nachbar. Wenn der merkt, daß er zuviel bezahlt hat, kannst du dein Leben lang einen Bogen um ihn herummachen."

„Keine Sorge", beruhigte Herrchen sie. „Wenn die Preise so weiterklettern, werde ich sogar noch zu billig verkauft haben. Und er wird am Ende noch mir aus dem Weg gehen müssen".

200000?

27

Es gibt nichts, an das man sich schneller gewöhnt als an Luxus. Auch darin haben wir uns unseren Haushaltsvorständen angepaßt. Wenn ich da an früher denke! Wie hat's mich gebissen, wenn so ein arroganter Polsternässer durch das Automonokel seines Ernährers auf das gedemütigte Fußvolk herunterschielte.
Letzten Endes war meine zur Schau getragene snobistische Gleichgültigkeit gegenüber solchen Playdogs doch nur Mache. Und daß ich die Räder

der betreffenden Fahrmaschine mit gezielter Verachtung bespritzte, war — mit Abstand betrachtet — meiner ganz und gar unwürdig. Solch krasser Klassenneid tritt selbst bei unseren zweibeinigen Vorbildern heutzutage kaum noch in Erscheinung.
Inzwischen bin auch ich ein gutsituierter Bundeshund, der einen Teil seiner täglichen Bewegung auf Rädern absolviert. Und zu der Gewohnheit gewisser übriggebliebener Fußgänger, das Bein an schönen Autos zu heben, kann ich nur noch ohnmächtig in mich hineinknurren. Denn als Autofahrer ist man der Gefangene seiner eigenen Bequemlichkeit, hinter seinen Scheiben wehrlos den Anpinkeleien fremder Tiere preisgegeben.
Es war noch früh am Morgen, als Herrchen mich unter den Arm nahm. Wenn er sich mit meinen zehn Pfund Lebendgewicht belastet, weiß ich schon, was los ist: wir fahren Gaßchen.
Mein überirdischer Transport zum Verladeplatz vor Ediths Haus ist nicht etwa Ausdruck besonders gepflegter Umgangsformen. Putzi will damit nur verhindern, daß er die Autositze hinterher saubermachen muß — eine von den Arbeiten, zu denen sich die Zweibeinermännchen in den ersten Monaten nach der Hochzeit sonderbarerweise verpflichtet fühlen.
Es ist zum Haarelassen, wenn man mitanhören muß, wie die Zweibeiner in völliger Verkennung der hündischen Psyche unter einem Hundewetter

Regen, Hagel und Kälte verstehen, ein Klima, das aus dem fidelsten Gesellen im Schwanzumdrehen einen miesen Eigenbrötler macht. Heute war richtiges Hundewetter, die Luft angenehm kühl und etwas angereichert mit dem Duft der nachbarlichen Komposthaufen, die Straßen von meinem übermächtigen Namensvetter vor Tagesanbruch wohlwollend mit einem Regenguß entstaubt, und Sonnenschein über Dreieichenhain, mild wie Putzis Lächeln, als er die Zweihunderttausend kassierte.

Ich wurde hinten reingeworfen. Neben mir hockte Steffi. Ich postierte mich in Fensternähe. Auf dem besten Aussichtsplatz vorn neben Frauchen hatte sich unser Leithund breitgemacht, wie immer auf seinen eigenen Vorteil bedacht. Wenigstens kurbelte das aufmerksame Frauchen noch mein Fenster herunter, weit genug, um die Schnauze in den Wind zu stecken. Omi ließ sich nicht blicken. Sie hat etwas dagegen, wenn wir Jungen das Bedürfnis haben, einmal unter uns zu sein.

Die Fahrt war voll des angenehmen Reizes. Der Wind kitzelte mich in der Nase, köstlicher als der beste Schnupftabak. Wir rollten und rollten, und ich war sehr stolz auf meine Familie. Aber wenn ich mir's überlege, so fällt mir auf, daß mir schon beinahe nichts mehr einfiel dabei, an einem einzigen Tag weiter herumzukommen als meine Vorfahren ihr ganzes Le-

ben. Als Hund in einem technisierten Zeitalter wird man eben blasiert und nimmt ein Wunder wie eine gewöhnliche Wurstscheibe hin, die man ganz nebenbei zum Frühstück verschlingt.
Erst viel später blieben wir stehen, neben einem Wald aus herrlichen Bäumen, die es neu zu entdecken galt. Es wurde auch höchste Zeit, denn lange hätte ich nicht mehr an mich halten können. Edith stoppte unseren rollenden Sessel, nachdem Herrchen den dringenden Wunsch geäußert hatte, sich hinter einen der dicken Bäume zu verstecken. Eine Gelegenheit, die auch ich ausgiebig nutzte. Zufällig bevorzugten wir beide denselben Baum. Er von der einen, ich von der anderen Seite. Was Edith aus mir unbegreiflichen Gründen sehr zum Lachen anregte.
Mittags platzten wir uns in eine Waldlichtung. Edith deckte den Boden zu und stellte das Futter auf die Decke. Der Tisch hatte gerade die richtige Höhe für einen ausgewachsenen Dackel. Leider befand sich meine Schüssel plötzlich einen Meter weiter weg.
„Du sabberst, mein Schatz“, begründete Frauchen den Affront. Ich überhörte das Beleidigende in der Bemerkung. Es soll nicht umsonst heißen, wir Dackel seien eine friedfertige Rasse. Immerhin empfand ich Schüssel und Bemerkung deplaciert.
Schließlich gibt es genügend sogenannte Menschen, die mehr sabbern als ich und trotzdem

nicht vom Tisch gewiesen werden — und das nur, weil sie auf zwei Füßen daherlatschen und nicht auf allen Vieren.

Um Schwanzesbreite wäre meine Duldsamkeit für die Katz gewesen. Die Familie paßte sich den Umständen an, ließ sich zu mir herab und schlug sich die Ranzen voll. Ich übte als einziger vornehme Zurückhaltung. Sie hatten es mir ja deutlich genug zu verstehen gegeben, daß meine Teilnahme am Deckenrand nicht erwünscht war.

„Unter freiem Himmel schmeckt mir's immer am besten", verkündete Putzi und schmetterte einige trompetische Rülpser in die Natur. Edith erklärte spontan: „Du bist ein Ferkel!"

Putzi blieb der nächste Musikstoß im Hals stekken, was ihm augenblicklich die gute Laune verdarb. Er verteidigte sich zwar, das habe er immer so gemacht, wenn er nichts mehr runterbrächte, aber noch Appetit auf mehr verspüre. Außerdem sei Rülpsen gesund. Schon Martin Luther habe dafür plädiert. Er sähe also gar keinen Grund, warum er künftig darauf verzichten solle, vor allem bei der eigenen Familie, der sein Wohlbefinden am Herzen und nicht in den Ohren zu liegen habe. Zudem sei er durchaus bereit, sich in Gesellschaft zu mäßigen, obwohl das nach allen wissenschaftlichen Erkenntnissen zu Blähungen führe.

Aber sein ganzes Gebrabbel täuschte mich nicht darüber hinweg, daß er stocksauer war. Und als

Steffi vergnügt quietschend allen Respekt fahren ließ und den Familienboß ebenfalls ‚Ferkel' nannte, haute er ihr eine runter, so daß sie auf den gedeckten Tisch purzelte und die Futterreste durcheinanderspritzten. Edith nahm Steffi natürlich in Schutz. „Rohling, wenn das deine ganzen Erziehungskünste sind, dann bist du ein Stümper, und ich werde unser Kleines allein erziehen."
Der Stümper war so erbost, daß er die alarmierende Anspielung gar nicht wahrnahm, sich ein paar Meter abseits wälzte und sich dort hinpflanzte. Nicht lange, weil genau an der Stelle ein Ameisennest war.

Nun empfinden die Gourmets unter uns Vierbeinern Ameisen als Delikatesse. Ich selbst pflückte sie gern zum Dessert mit der Zunge vom Boden und knacke sie mit den Zähnen. Aber Putzi teilt nicht unbedingt meinen Geschmack, weil er

eben doch kein richtiger Hund ist. „Au, verflucht!“ schimpfte er und hüpfte ins nächste Gebüsch, um die Biester aus der Hose zu holen.
Wenigstens ist er nicht nachtragend, denn als er entbiestert wieder auftauchte und wir anderen angestrengt so taten, als sei nichts geschehen, um seinen Zorn nicht noch mehr herauszufordern, meinte er nur grinsend: „Die wissen eben, wo das süßeste Blut fließt.“
Worauf nicht nur kein Widerspruch erfolgte, sondern Frauchen auch noch begann, ihn zärtlich hinterm Ohr zu kraulen, solange, bis er wieder ganz friedlich Pfötchen gab und einschlief.
Als Steffi und ich von unserem Verdauungsstrunz zurückkamen, war Putzi wieder aufgewacht und zur Heimfahrt bereit. Und als Edith wieder davon anfing, daß wir bald zu fünft sein werden, bestand er darauf, daß wir noch mal anhielten, weil er sie aus Begeisterung darüber unbedingt beschmatzen wollte. Ich habe verzweifelt nachgerechnet, aber ich bin nicht dahintergekommen, wie sie auf Fünf kam. Denn Fünfe sind wir doch jetzt schon. Oder sollte sie einen von uns nicht mitgezählt haben?

28

Ediths Haus, das jetzt auch unsere Hütte ist, seitdem sich der neue Bewohner — jetzt ohne Hunderttausende — in unserem Palast breitgemacht hat und gravitätisch wie ein radschlagender Pfau in meinem schönen alten Garten herumspaziert, Ediths Haus also hat keinen Zaun, sondern eine feine dicke Mauer. Das Loch in der Mauer ist mit einem Tor zugehängt, von dem Edith sagt, es sei ein besonders teures, weil es jemand gemacht habe, der es nicht nötig habe, so etwas zu machen.

Weil das Tor so schön ist, befassen sich die kleinen Zweibeiner aus der Nachbarschaft gern damit. Und manchmal klettern sie daran hoch. Edith hat das nicht weiter gestört. „Die Mauer bricht davon nicht zusammen, und das Tor ist aus Eisen. Dem schadet's auch nicht."

Aber Putzi fühlte sich von Anfang an in seiner Intimsphäre bedrängt. „Die Alten von den Hosenscheißern hätten auch was dagegen, wenn ich bei denen auf's Dach klettern und in den Schornstein spucken würde." Frauchen war zwar der Meinung, daß Herrchen wieder einmal übertreibe, aber Putzi ließ sich nicht davon abbringen. „Wenn die sich sportlich betätigen wollen, sollen sie's woanders tun." Und wenn er die Gesellschaft ertappte, schimpfte er sie mit Bullenbeißerbellen davon.

Leider nutzte das nicht viel. Sie kamen wieder, wenn Herrchen nicht da war. Die junge Brut hat noch den Instinkt für so was. Später geht er bei den Zweibeinern verloren, weil sie sich dann so sehr auf das verlassen, was sie Verstand nennen.

Omi war natürlich auf Putzis Seite. „Ich würde einen großen Hund anschaffen, damit sie Angst bekommen und von selbst wegbleiben", empfahl sie und kränkte mich tief. Warte, dir werd' ich's zeigen. Als ob ich nicht schon oft genug bewiesen hätte, daß ich ein vollwertiger Großhund-Ersatz bin.

Heute bot sich die Gelegenheit. Ich verputzte gerade meine verlängerte Spezialkonserve, Schnauzi mit Haferschleim, als ich Omi rufen hörte: „Wollt ihr wohl da weggehen, ihr Lausebengel!"
Aber Omi ist eine alte Frau, und was bei uns traditionsbewußten Vierbeinern selbstverständlich ist, daß die Alten den Ton angeben, gilt längst nicht mehr bei den degenerierten Zweifüßlern.
„Krieh uns doch, du Aal", hörte ich sie schreien. „Du kriehst uns ja doch net, bäääh!" Und sie rüttelten am Tor, daß es nur so dröhnte.
Ich schlapperte den letzten Brocken aus meiner Schüssel, leckte mir die Barthaare sauber, wischte sie anschließend an einem passenden Grasbüschel ab und beschloß, die Situation einmal näher zu beschnuppern.
Es waren drei halbhohe Zweibeiner, die am Tor rumfummelten, mit Stöcken draufschlugen und Omi lange Nasen machten. Omi stand da und sagte nichts mehr. Dann drehte sie sich um und ging resignierend ins Haus zurück. Sie wußte, daß sie gegen das schnelle Gewürm doch nichts ausrichten konnte.
Kaum hatte sie sich zurückgezogen, begann die Bande, durch die offensichtliche Kapitulation übermütig geworden, johlend über das Tor zu klettern.
Ich hatte mich bis dahin jeder Meinung enthalten. Schließlich war es Ediths Haus, und wenn sie

nichts dagegen hatte, bitte. Ich mische mich prinzipiell nicht in anderer Leute Meinungsverschiedenheiten. Dabei zieht man doch nur den Kürzeren.

Aber das hier ging doch entschieden zu weit. Ich pirschte mich aus dem Hintergrund hervor, drückte mich an die Invasoren heran und begann, so intensiv und bösartig wie möglich zu knurren. Zur Verstärkung meines furchterregenden Eindrucks sträubte ich dazu noch das Fell.

Zwei von den Dreien stoppten daraufhin ihren Abstieg und kletterten wieder hoch. Der dritte aber fühlte sich stark. Er hatte einen Stock in der Hand und schlug um sich, während er unser Terrain betrat.

Ich habe grundsätzlich nichts gegen Äste. Aber in der Hand von Zweibeinern werden sie zu Peinigungsinstrumenten, vor denen man sich vorsehen muß. Seit meiner Jugend beim Bauer Stoffel bin ich allergisch gegen solche Zweckentfremdung.

Ich tat, als beeindruckte mich die halbe Zweibein-Portion, und zog mich, eng an den Boden gepreßt, ein paar Schritte zurück. Als sich der Aggressor aber gerade so richtig in seiner scheinbaren Überlegenheit zu sonnen begann und sich zu seinen beiden Kumpanen umdrehte, die von außen durch unser Tor gafften, sprang ich vor. Ich kriegte ihn an seiner dünnen Wade zu fassen, worauf er seinen Stock fallen ließ, laut ‚Aua' schrie und zum Tor zurücklief, an dem er hochzusteigen begann.

In der Aufregung blieb er an einem Haken hängen und zerriß sich die Hose. Ich meinerseits biß ihn gründlich in die Stelle, wo bei unsereinem der Schwanz anfängt und beobachtete dann gelassen, wie er sich jammernd mit seinen Kollegen vereinte, worauf die ganze Bande mit wenigstens 70 Phon retirierte.

Am Abend aber erzählte Omi Herrchen und Frauchen, daß wir wohl doch keinen größeren Hund brauchten.

29

„Wir machen Urlaub, wir beide", hat Putzi Edith angewedelt. „Wir haben's nötig. Wenn das Kind erst mal da ist, kannst du sowieso vorläufig nicht mehr weg."

„Ja, verreisen wir", hat Frauchen unser Oberhaupt angeschmust. „Und Petrus nehmen wir mit."

„Der wäre aber eine Belastung. Mit dem kann man sich nur die Hälfte vornehmen", raunzte der Egoist.

Frauchen schüttelte den schönen Kopf. „Wir können ihn schließlich nicht einfach deiner Mutter überlassen."

„Steffi ist doch auch noch da", versuchte der bequeme Leithund sich aus der Affäre zu ziehen. Aber Edith ging nicht darauf ein.

„Steffi ist den ganzen Morgen in der Schule, und nachmittags hat sie mit ihren Aufgaben zu tun."

Putzi wand sich wie ein Wurm. „Wir werden keine Pension finden, die Leute mit Hund aufnimmt. Hunde stören die anderen Gäste."

„Petrus gehört dazu, und ich werde schon was finden. Tust ja gerade so, als sei unser Dackel ein Raubtier, das man sich vom Hals halten muß."

Gut gesagt! Ich und ein Raubtier. Ich rieche zwar nach Zoo, wenn ich in den Regen gekommen bin und anschließend vor dem Ofen trockne, aber sonst bin ich — wie alle meine Freunde und sogar meine Neider bestätigen müssen — der Prototyp von Harmlosigkeit, von provozierten Kleinigkeiten vielleicht abgesehen.

Natürlich hat Edith, der Prachtkerl, was gefunden. Es gibt immer noch einen Rest Tierfreunde und außerdem genügend intelligente Zweibeiner, die noch nicht die Lust am Geldverdienen verloren haben und denen ein vollbesetztes Haus (mit Hunden) lieber ist als Friedhofsstille und leere Kassen.

Steffi hat zwar gemault, weil sie mit wollte und nicht konnte wegen der Schule. Aber die geht bei

den Zweiständern nun mal vor. Ohne jahrelang in der Schule herumzuscharwenzeln, werden die überhaupt nicht existenzfähig.
Da sind wir doch besser dran. Was wir wissen müssen, das fliegt uns so zu. Und daß unsere Herren uns außerdem noch im Schweiße ihrer Schnauze gewisse Kunststücke beibringen, dient mehr zur Befriedigung ihrer eigenen Eitelkeit und ist, unter uns gesagt, für sonst nichts gut.
Seit gestern bin ich also ein waschechter Freizeithund, Gast in einer Vielraumhütte mit gemeinsamer Kloschüssel und Einheitsfuttersaal, mit einem Auslauf vor den Fenstern in den oberen Zellen, den sie Balkon nennen und mit ungenießbarem, buntem Gemüse behängen, mit einer Säule zum Beinheben vor dem Bau, an dem zweimal jeden Tag ein riesiges Rollomobil hält und neue Zweibeiner ausspuckt, die mit Heidenspektakel von den noch leeren Zellen Besitz ergreifen.
Das ganze nennt sich Hotel und steht in einer Gegend, in der sogar die alten Zweibeiner noch kurze Hosen tragen aus konservierter Rindviehhaut und oben Abdeckungen mit einem Strauß aus Ziegenbart. Am Anfang habe ich mir meinen schmalen Rasseschädel zerbrochen, wo wir uns da niedergelassen haben, um uns von Hochzeit, Hausverkauf, Umzug, Umorganisation und anderen Ungelegenheiten zu erholen.
Italien, wohin es Steffi gezogen hat, konnte es nicht sein, weil die Eingeborenen dort nicht so

maskiert herumlaufen. Die Wühlheide war es auch nicht, denn dort soll es keine tausend Meter hohen Kletterberge geben. Vom Rhein, der Quelllandschaft zweibeiniger Gemütlichkeitsbellerei, war weit und breit nichts zu sehen. Und der von Putzi angepeilte billige Spessart, wo man noch unter sich sein soll, kam schon gar nicht in Frage, denn da gibt es nicht so viele Hütten, deren Besitzer davon leben, daß fremde Leute die einheimischen Schüsseln leerfressen.

Putzi hat das Rätsel gelöst. Er hat auf ein Stück buntes Papier gekritzelt ‚Gruß aus Oberbayern'. Komisch, daß ich noch nie etwas davon gehört habe. Man hat eben doch ganz andere Interessen. Das Schlimme ist, daß man in dieser Gesellschaft gegen unliebsame Zwischenfälle so wenig gefeit ist. Um Herrchens und Frauchens Mittagsruhe nicht zu unterbrechen, benutzte ich den Auslaufbalkon vor dem Fenster. Dabei muß ich an den Latten vorbeigedackelt haben. Unten vor dem Hotel fingen sie an, furchtbar zu krakeelen. Ich verzog mich schleunigst wieder in meine Ecke.

Gleich darauf polterte es an unsere Zellentür. Herrchen kroch fluchend aus den Kissen. Draußen stand die Frau von dem Hotel, und dahinter hielt ein dickes Zweibein einen Hut aus Stroh in der Hand. Der Hut von dem Dicken sei naß geworden, behauptete die Wirtin, und das könne nach Lage der Dinge nur auf Herrchens Hund zurückzuführen sein.

„Hast du aus dem Fenster gepißt?“ fragte mich Putzi, der, wie so oft in brenzligen Situationen, seine Kinderstube vergaß.
Die Wirtin prallte erschrocken zurück. Mit solcher Deutlichkeit hatte sie nicht gerechnet. Die Zweibeiner pflegen im allgemein so was diskret zu umschreiben.
Ich schaute schläfrig aus meiner Ecke hervor. Was wollten die? Aus dem Fenster? Ich versteh’ nicht viel von Physik. Aber daß das nicht möglich war, sollte einem Blinden einleuchten.
„Sehen Sie, er weiß von gar nichts“, knurrte Putzi. „Vielleicht hat jemand die Blumen gegossen auf dem Balkon — oder es war eines von den Kindern, die hier haufenweise wohnen.“
Es seien keine Blumen gegossen worden, und außerdem wohnten auf der Etage nur Mädchen, und Herrchen wolle doch nicht behaupten, daß...
Er behaupte überhaupt nichts, behauptete Putzi. „Lassen Sie uns jetzt gefälligst in Ruhe. Der Herr kann seinen Hut ja in die Sonne legen. Stroh trocknet schnell.“
Der Dicke zog sich noch mehr zurück, und die Wirtin, von Putzis Bestimmtheit verwirrt, entschuldigte sich wortreich.
„Du bist doch ein altes Ferkel“, beschimpfte mich Putzi, als die Luft rein war und schloß die Tür zum Balkon, bevor er wieder ins Bett kroch. Das hat man von seinem guten Willen. Das nächste Mal bleib’ ich im Zimmer, wenn ich muß.

30

Als wir heute morgen in den Futterraum wollten, stand uns ein riesiger Schnauzer im Weg. Putzi versuchte, ihn zu ignorieren. Aber der Kerl war zu groß dazu. Edith legte die freundliche Platte auf. „Na komm, sei ein guter Hund, und laß uns durch.“ Doch das Biest war entweder taub, oder es hatte etwas gegen uns. Jedenfalls wichen seine Ständer nicht vom Fleck.
So was von Sturheit konnte nicht von ungefähr kommen. Richtig, am letzten Tisch, ganz hinten,

saß der Dicke mit dem Strohhut und grinste wie eine Katze, der der Geifer im Maul gerinnt, weil sie ein Nest voll fetter Mäuse entdeckt hat. Zu feig, sich selbst mit uns auseinanderzusetzen und ohne konkrete Beweise zu ohnmächtigem Trocknen verurteilt, schickte er seinen Renommierköter ins Gefecht.

Hier mußte wieder mal ein Exempel statuiert werden. Ich drückte mich sachte an dem Blockadepfropfen vorbei, um seinem Drahtzieher das Grinsen auszutreiben. Leider hatte ich mich damit übernommen. Ich war noch nicht auf Schwanzhöhe, da hatte er mich am Genick.

Das wiederum komplizierte die Situation, denn Putzi schritt zur Tat, das heißt, er tat einen Schritt — und den genau dorthin, wo man sich tief getroffen fühlt. Und wo Putzi hintritt, da brechen sowieso alle Lebensgeister zusammen. Der Gladiator des Dicken sperrte vor Schmerz die Schnauze auf, und ich war wieder frei.

Doch was Herrchen macht, das macht er gründlich. Obwohl Edith versuchte, ihn am Rock zurückzuziehen und der Dicke herbeipreschte, war Putzi nicht zu halten, bis er aus dem Monstervieh einen verängstigten Zwerg gemacht hatte, der sich hinter den Beinen seines verzweifelt stotternden Besitzers in Sicherheit zu bringen suchte.

Die Folge war, daß die anderen Zweibeiner von ihren Futtertassen wegliefen und Partei ergriffen — wenn ich's bedenke, nicht alle für uns. Das

Frühstück fiel jedenfalls an diesem Tag aus. Und obwohl die Majorität letzten Endes doch auf unserer Seite blieb, hat Frauchen seitdem keine rechte Lust mehr, zu bleiben. Und daran ändert wohl auch die überstürzte Abreise unserer beiden Kontrahenten nichts.

Auch sonst ist unser Urlaub kein reiner Genuß mehr geworden. Seitdem wir Junge erwarten, ist mit Frauchen nicht mehr viel los. Sie liegt im Bett und drückt die Augen zu. Und morgens rennt sie öfter plötzlich dorthin, wo die Gemeinschaftsschüssel der Zweibeiner steht. Als sie zweimal die Tür nicht aufkriegte, weil ein anderes Zweibein drinnen war und Frauchen das, was ihr hochkam, mit dem Handtuch nicht mehr eindämmen konnte, verdufteten wir.

Beim Heimrollen wollten wir in ein Dorfgasthaus reinschnuppern. Jedem anständigen Landhund laufen bei solcher Aussicht Appetitspfützen im Maul zusammen. Die Gaststube war zwar nicht sehr groß, doch sie roch so exquisit nach intensiviertem Fisch und gut abgehängtem Filet, und unter den Freßpulten der Zweibeiner sah's fruchtbar aus wie unterm Rastplatz vom Heiligen Strohsack in Batzewirts Dreieichenhainer Kneipe, daß ich mich sogleich heimisch fühlte.

Leider reagierte Frauchen entgegengesetzt. Sie bewog Putzi, den Ort verheißungsvoller Genüsse schneller wieder zu verlassen als wir reingeraten waren. Für Frauchen offenbar nicht rasch genug —

wie sich gleich darauf am Muhdunghaufen ergab, der hinter'm Haus nichtsahnend vor sich hinträumte und über den sich Ediths jäh hochgespülter Ekel ergoß.

Später haben wir's dann woanders versucht. Auf mich machte das Etablissement zwar einen ausgeschnupft unliebsamen Eindruck. Aber meine beiden Alten schienen sich dort wohlzufühlen. Die Teppiche auf dem Boden waren ja ganz schön weich. Doch was hat man davon, wenn man draußen an der Garderobe abgegeben werden muß!

Überall geisterten schwarz-weiße Zweibeiner herum, mit Nummern an der Brust und Futterbehältern in den Vorderpfoten. Sie waren so vornehm, daß sie sich bewegten wie auf Rollschuhen. Wenn ich das an das ehrliche Gestampfe vom Batzewirt denke! Bei dem weiß man wenigstens, woran man ist.

Sie haben mich auch nicht mit der silbernen Schüssel bestechen können, in der mir einer von den Numerierten mein Essen servierte. Der Fraß hat wie Desinfektionsmittel geschmeckt.

Als wieder einmal die Tür zum Futtersaal aufging, sah ich, daß eine ganze Menge von den schwarz-weißen Leisetretern um Edith und Putzi herumschwirrten. Als ich den Auflauf sah, keimte in mir schon der Verdacht, Edith sei die Suppe wieder hochgekommen. Aber da muß ich mich wohl geirrt haben.

Endlich tauchten die beiden wieder bei mir auf. „Du Armer“, begrüßte mich Edith. Und ich verzieh ihr alles. „Du hast dich hoffentlich nicht gelangweilt?“ glaubte Putzi bemerken zu müssen. Ich unterdrückte meine Regung, ihm den Unterschied zwischen einem Dackel und einem Regenschirm darzulegen. Er hätte es ja doch nicht kapiert.

„Wie wär's mit einem kleinen Verdauungsspaziergang?“ Eine Frage, die bestimmt nicht mir galt, denn ich werd' bei so was nie konsultiert, sondern einfach mitverwaltet. Edith willigte ein. Und mir wär's schon recht gewesen, wenn Putzi sich nicht wieder so angestellt hätte. Sobald Edith ein Steinchen im Weg lag, so groß wie eine Maus, machte sich unser Leithund beinahe in die Hose. Aus Angst, ihr könnte ein Leid geschehen.

Dabei wäre ein bißchen Sportlichkeit auch für Frauchen gut. Eine ordentliche Balgerei zum Beispiel erscheint mir als notwendiger Ausgleich für ihre beginnende Verspeckung. Seitdem sie so behäbig ist, wird sie auch prompt dicker. Und ich versteh' nicht, weshalb Putzi Steffi eine runtergehauen hat, als sie wahrheitsgemäß behauptete, Edith sähe aus wie eine gefüllte Ente.

31

Die Küchentür zum Garten stand offen, das Fleisch auf dem Tisch, Steffi hockte vor dem Flimmerkasten wie Osterhasen vor dem letzten Kohlkopf, und Omi fuhrwerkte im Keller so, daß sensible Naturen ein Erdbeben befürchten mußten. Derweilen tat sich einer von den schnurrbärtigen Dreieichenhainer Räubervolk am Kalbsragout gütlich.
Als ich dazu kam, saß die Katzenscheckel auf dem Tisch, ein saftiges Stück Labsal zwischen den Kral-

len und fauchte auf mich herunter. Ich blieb an der Öffnung sitzen und begnügte mich zunächst damit, ihr meine schlechte Meinung über Diebesgesindel im allgemeinen und über klauendes Volk im eigenen Haus im besonderen klarzumachen.
Im übrigen hatte ich Zeit. Konnte ich nicht auf den Tisch und an den Einbrecher heran, konnte der nicht herunter und ungeschoren an mir vorbei ins Freie. Und einmal mußte ja einer von der Familie auf mein Sirenengebell aufmerksam werden. Dann sollte dem alten Miezestrunz schon heimgeleuchtet werden!
Leider hatte ich mich gründlich verrechnet. Der Küchendieb wurde des Belagerungszustandes schneller überdrüssig als erwartet. Solch ein niederes Volk hat halt kein Beharrungsvermögen. Und bevor mein Radau Steffi herbeigelockt hatte oder Omis unterirdisches Rumoren zu unterbrechen vermochte, war's passiert.
Plötzlich stoppte der Fauchbeutel sein Wutgebläse, duckte sich und sprang dann mit einem Riesensatz über mich hinweg zur Tür. In der Überraschung dauerte meine Schrecksekunde zu lang. Ein winziger Zipfel Katzenschwanz war alles, was ich zwischen die Zähne bekam. Bis auf ein paar unwesentliche, unverdauliche Haare ließ der Strolch nichts auf der Strecke.
Ich hätte mich noch damit abgefunden. Immerhin war mir ein Achtungserfolg beschieden. Jedoch hatte sich nach meiner Rückkehr von ergebnis-

loser Verfolgung Omi in der Küche vor dem Tisch aufgebaut und rief mit über dem Kopf zusammengeschlagenen Vorderpfoten den Himmel um Hilfe an, damit „der vermaledeite Hund“ sich künftig nicht mehr an dem Fleisch vergreife.
Daß ich mich in berechtigter Empörung wortreich zur Wehr setzte, schien sie in ihrer Unwissenheit für Garstigkeit zu halten, wies sie mir doch am Ende sogar noch die Tür.
Da tut man sein Bestes und gerät dafür in falschen Verdacht. Und das nur, weil manche Zweibeiner nicht logisch denken können. Möchte nur wissen, wie so ein kurzbeiniger Hund ohne Treppe auf den Tisch kommen soll.
Mitten in das Lamento platzte Edith und verkündete, daß das Baby komme. Wenig später tauchte der alarmierte Putzi auf und tat so, als wäre er vor lauter Aufregung schon reif für die Abdeckerei. Was für ein unnötiger Spektakel, wenn Zweibeinerfrauchen mal ein einzelnes Junges kriegen. Unsereiner verliert darüber kein Wort. Wenns gerade so kommt, verlängern wir unseren Stammbaum gleich zweimal im Jahr um ein paar Sprößlinge.
Im allgemeinen Durcheinander wurde über das angekaute Fleisch nicht mehr gesprochen. Später fand ich den Rest in meiner Futterschüssel; ich freß einen alten Latschen für ein Omelett, wenn Omi es nicht mit einer abträglichen Bemerkung reingeschüttet hat. Eigentlich hätte ich für meine

Ehre demonstrieren und das Katzenragout liegen lassen sollen. Aber damit wäre ja wohl auch der Gerechtigkeit nicht Genüge getan worden.

Mitten in der Nacht — im Geiste hatte ich mich gerade in einen prachtvollen Weltsieger und Stammvater von einem Dutzend zwischen Frühstück und Hauptfutter geworfener Welpen verwandelt — schreckte mich die Telefonschrille aus meiner Traumdackelei.

Putzi rumpelte im Finstern zwischen der Einrichtung hindurch in die Ecke hinüber, von der aus meine sorgsam aufgebaute Illusion mit ständig sich erneuernden grellen Schnitten in lauter kleine unbrauchbare Fetzen zerstückelt wurde. Dabei stieß er sich an Ecken und Kanten, stolperte über irgendwelche Gegenstände, die ihm im Wege lagen und die er nicht wahrnahm, weil er vergessen hatte, das Licht einzuschalten und ihm jeder Orientierungssinn vor Nervosität abhanden gekommen war — mit dem Ergebnis, daß sich seine Flüche mit dem Krawall des rasenden Telefons zu einem mörderischen Konzert verbanden.

Schließlich hatte er das Hölleninstrument erreicht und krächzte mit stockheiserer Stimme sinnlose Vokabeln in die Dunkelheit, die kein Dackelverstand erfassen konnte. Plötzlich wurde es hell, weil die anderen erschienen waren, die sich gewisser Möglichkeiten der Zweibeinerwelt noch erinnerten.

In diesem Moment knallte Putzi den Hörer hin und fing an zu brüllen, als ob ihn der Bullenbeißer vom Millionenhügel hinterrücks seine Revanchegelüste verspüren ließ.

„Wir haben einen Bub!"

Was eine Art Kettenreaktion auslöste. Denn Omi stimmte in das Geheul mit ein und wiederholte „ein Bub, ein Bub, ein Bub . . ." Wie eine kaputte Grammophonplatte. Nur Steffi verlor nicht die Nerven. Aber das hing damit zusammen, daß sie enttäuscht war. Sie hatte sich eine kleine Schwester bestellt. Ein männliches Baby schien ihr ein unvollkommener Ersatz zu sein.

Als sie sich maulend in ihr Zimmer zurückgezogen hatte, besann sich Putzi auf mich, schnappte mich am Hals und warf mich in die Luft wie einen Ball. Dann wirbelte er mich in der Gegend herum und bellte dazu, daß ich Angst bekam und dachte: Jetzt ist er völlig übergeschnappt.
Und dann sprach er ein gewaltiges Wort: „Petrus, ich ernenne dich zum Babysitter!"
Armer Petrus, dir stehen aufregende Zeiten bevor!